성공한 사람들의

행동습관

저자 **데일 카네기**(Dale Carnegie)

1888년 11월 24일 미국 미주리주 메리빌의 한 농장에서 출생하였고 위런스버그 주립 사범 대학 졸업.
1912년 뉴욕으로 건너와 YMCA에서 대중연설을 가르치기 시작했고 1955년 뉴욕에서 세상을 떠났다. 데일 카네기는 인간관계론과 행복론에 관한 세계 최고의 전문가로서 그가 저술한 『카네기 인간관계론』, 『카네기 연설법』, 『카네기 성공론』은 성서 다음을 세계에서 가장 많이 팔린 베스트 셀러이다. 그는 카네기 연구소를 통하여 인간관계의 원리를 전파하는 데 힘썼으며, 그가 저술한 책은 미국의 400 대기업의 유명한 회사에서 사원교육용 교재로 채택되어 지금도 실시하고 있다.

옮긴이 **김병민**

연세대학교 정치외교과를 졸업하고, 뉴욕대학교 대학원에서 석사 학위를 받았다.
자신이 좋아하는 성공학 분야의 책들을 우리말로 옮기는 일을 하고 있다. 뉴욕에서 살며 프리랜서로 활동하고 있다.
옮긴 책으로는 『성공을 부르는 시크릿 도어』, 『부자들의 시크릿』 등이 있다.

성공한 사람들의 행동 습관

1판 1쇄 인쇄 2010년 12월 10일
1판 5쇄 인쇄 2019년 9월 20일

지은이 데일 카네기
옮긴이 김병민
펴낸이 채주희
펴낸이 해피&북스
　　　　주소　　서울 마포구 신수동 448-6
　　　　전화　　02)6401-7004
　　　　출판등록　　제10-1562(1985, 1029)

ISBN 978-89-5515-466-5 13320

잘못된 책은 바꾸어 드립니다.

행 동 습관

데일 카네기 지음 | 김병민 옮김

현대인에게 가장 근본적이고
빼어난 생활의 지혜

카네기는 뉴욕에서 사람들에게 말하는 법, 대중 앞에서 연설하는 법을 강의함으로써 인간관계 컨설팅을 1912년 뉴욕 YMAC에서 처음으로 시작했다. 그 뒤 그는 연설할 때 많은 훈련이 필요한 것처럼, 사람들에게 매일 직장과 사회 생활에서 만나는 '사람들과 인간관계를 원만하게 만드는 방법'도 필요하다는 것을 깨닫고, 인간관계에 대해서도 강의하기 시작했다. 그 뒤 그는 카네기 연구소를 설립, 인간경영 분야에 기념비적인 큰 업적을 남겼다.

그로부터 15년 동안 그는 사람들이 세상에서 인간관계를 위한 기술들을 수없이 쌓았고 이러한 기술을 세상 사람들을 통해 매일 실험한 끝에, 그는 마침내 인간관계의 원리를 『카네기 인간관계론』이라는 책으로 발간했다. 이 책은 그 뒤 계속 발간된 『카네기 연설법』·『카네기 성공론』과 함께 지금까지 전 세계에서 성서 다음으로 가장 많이 팔렸고 지금도 여전히 베스트셀러를 차지하고 있다.

그는 자신이 설립한 데일 카네기 연구소를 통해서 그 원리를 사람들에게 전하는데 힘썼는데, 얼마 전에 파산 직전에 놓여 있는 크라이슬러 사를 회생시킨 아이아코카도 그의 자서전에서 "경영자로서의 성공은 카네기식 교육 덕분이었다"고 고백하였다. 그뿐만 아니라 카네기 인간관계 기술은 코카콜라·코닥·포드 등 미국 안 1천여 대기업과 「포천」지가 선정한 세계 500대 기업 중 400여 기업에서 사원교육용 교재로 채택, 지금도 계속 사용하고 있다.

우리들은 카네기의 저서들을 통해서 그의 인생 철학에 대한 진솔하고 참신한 강의를 들을 수 있고, 인간의 가치관이 매우 혼동되고 삶의 지표를 잃어버린 현실에서 이 책을 통해 그 해결책을 찾을 수 있다. 이 책은 현실에 바탕을 둔 완벽한 생활 철학이며 그 누가 읽어도 진실로 쉽게 공감할 수 있는 '지혜의 보물창고' 이기 때문이다.

이 책은 자기 성찰을 비롯하여 기업 경영, 가정과 직장, 사회에서 성공적인 인간관계를 지향하는 사람들, 그리고 진정한 친구를 얻고 이 세상의 주인공으로 당당하게 살아가고 싶은 현대인의 운명을 바꿔 놓는 현대 교양인의 필독서다. 그리고 우리가 살아가는 데 가장 근본적이고 현실적인 삶의 지혜를 한데 모은 것으로, 어떤 격식을 갖춘 이론서라기보다는 내용이 진솔하고 참신한 많은 사례들이 당신에게 '삶의 조언'을 해 줄 것이다. 다음에 쓰여 있는 '이 책을 읽는 방법 8가지'를 꼼꼼히 읽고 독자들은 그대로 따라 주길 바란다. 그래야 이 책을 읽는 독자들의 소망을 이루기가 더욱 쉽게 될 것이다.

1 무책임하고 무계획한 자신의 삶의 태도는 이제 과감하게 벗어던져라. 그리고 장래를 내다보며 당신의 인생을 철저히 관리하면서 굳세게 살겠다고 결심한다. 그런 태도가 당신을 명예와 행복과 경제적 성공으로 이끈다는 것을 결코 잊어서는 안 된다.

2 이 책에서 자신이 뭔가 얻기를 바란다면 단숨에 읽어 내려가지 말고, 한 번에 한 단원씩만 천천히 그 내용을 음미하면서 읽기를 바란다. 그리고 반드시 깊이 생각하길 빈다. 처절한 자기 반성과, 결심과, 뼈를 깎는 행동에 대해…….

3 읽는 도중에 만약 감명 깊은 내용이 있으면, 마치 명품 포도주를 입에 머금고 그 향기를 천천히 음미하듯, 한 단원씩 곰곰이 되새겨 보라.

4 이 책을 읽으면서 붉은 펜으로 공감되는 부분에는 표시를 해놓는다. 이러한 방법으로 책을 읽으면 훨씬 재미있으며, 뒤에 다시 읽을 때도 그 중요한 부분만 골라서 읽으면 되기 때문이다.

5 이 책을 다 읽은 뒤에도 항상 책상 위에 놓아 두고 틈틈이 시
간이 날 때마다 천천히 들춰 보아라.

6 기회가 생길 때마다 이 책에서 배운 원리들을 실천, 응용해 보
라. 실제로 사회 생활에서 활용해 보아야만 자신의 살아 있는
참신한 지식으로 남기 때문이다.

7 이 책에서 제시한 자신에게 가장 알맞은 원칙을 정하고, "나는
어떤 일이 있어도 그 원칙을 지킬 것이다"라고 굳게 맹세하라.
만약에 이를 어길 경우 벌금이나 벌칙 같은 것도 효율적이고 매우
좋은 방법이다.

8 당신이 노력하는 과정을 일기로 매일 기록하라. 이러한 기록
은 당신을 한껏 고무시키고 격려할 뿐만 아니라 장래에 큰 즐
거움을 만끽하게 해 줄 것이다.

 차 례

PART 01 자신의 인생관은 뚜렷하게 세워라

PART 02 유쾌하고 쾌적한 생활의 창조

자신이 해야 할 일은 항상 즐겁게 해치운다

PART 01

자신의 인생관을
뚜렷하게 세워라

항상 즐겁게 살아라

그렇다 주어진 인생이 얼마나 남았든 간에 가장 중요한 것은 오늘이다. 당신은 반드시 어떤 일이 있어도 오늘을 충실히 살아야 한다. 그렇게 노력하는 것만이 심적으로 안정되는 길이다.

삶의 올바른 태도

우리는 이 세상에 태어날 때 어머니의 자궁을 통해 몹시 고통스런 모습으로 태어난다.

이렇게 어렵게 태어나는 만큼, 우리는 매우 불안정한 상태에서 삶을 시작하게 된다. 아이 적에는 혼자서 옹알이를 하다가 갑자기 울어대고, 악을 쓰면서 몹시 울다가 갑자기 울음을 멈추고 웃는 짓을 되풀이하며 살아간다.

그러고는 어린이 시절에 돌입한다. 어린이들은 경제적 · 정서적 · 사회적인 모든 상황에 아직 능동적으로 대처할 수 없기 때문에 부모에게 의존하지 않을 수가 없다.

그리고 사춘기는 더욱 더 불안정하다.

나는 어린아이일까. 어른일까? 섹스란 무엇일까? 좋은 것일까, 나쁜 것일까? 이러한 궁금증을 누구한테 물어보면 알 수 있을까? 내 몸을 살펴보면 나는 이미 어른이 다 됐어, 안 그래?

이런 수많은 여러 가지 의문 속에서 불안정한 삶을 사는 것이다.

성인기에 들어서면 수많은 새로운 문제에 부딪쳐 더욱더 마음이 불안정해진다.

배우자를 선택하는 문제에서부터 애를 갖는 일, 성생활에 대한 결정, 직업의 선택, 그리고 직장에서 발생하는 문제뿐만 아니라 생명보험이라든가 휴가지를 결정하는 일 등… 책임 있는 성인이 하지 않으면 안 되는 갈등은 이루 헤아릴 수 없이 많다.

정년 이후의 생활에도 역시 문제가 있다. 모든 일에 있어서 게을러지기가 일쑤이고, 그리고 곧 다가올 죽음의 공포에 떨기도 한다.

우리는 매일 언제나 우리의 삶이 혹시 비극으로 전개되지 않을까 매우 두려워하며 살아간다.

혹시 자신이 실직함으로 인해 생활에 곤란을 받게 되지는 않을까 몹시 걱정하고, 어느 날 주위의 사랑하는 사람들이 갑자기 교통사고를 당해 불구자가 되지는 않을는지, 가족 중 그 누가 매우 나쁜 상황에 처하지는 않을지 등을 걱정하며 살아간다.

이와 같이 재난은 주위에서 언제 현실로 일어날지 그 누구도 알 수 없기 때문이다.

그러면 미래에 대한 이러한 걱정은 어떻게 대처하면 좋은 것일까? 대답은 매우 간단하다.

살아 있는 동안은 항상 긍정적인 사고방식을 가지고 생활하고, 더 나은 미래를 추구하면서 끊임없이 노력하면 된다. 다시 말해 건강한 자신의 자아상을 확립해 나가는 것이다. 건강한 자아상은 우리가 일상을 살아가면서 안정감을 갖는 데 큰 도움을 주기 때문이다.

이 세상의 인간은 태어나면 누구나 언젠가는 죽는다. 그것은 신께서 정한 법칙이며, 죽음에 대해서는 그 누구도 손을 쓸 수가 없다.

그렇다면 우리는 어떻게 살아야 하는가?

죽는 것이 몹시 두려워서 우울하게 살 것인가, 아니면 항상 웃으면서 즐겁게 살 것인가? 아마도 사람들은 누구나 이 물음에 후자의 대답을 선택할 것이다.

그런데 즐겁게 사는 것도 여러 가지 방법이 있다.

언젠가 죽을 목숨이니까 그저 되는 대로 살다가 죽겠다는 사람이 있는가 하면, 매사에 항상 최선의 노력을 기울여 그곳에서 즐거움을 찾으려는 사람도 있을 것이다.

어떤 것이 바람직한 삶의 태도일가? 아마도 경험을 해본 사람이면 누구나 후자라고 대답할 것이다.

즐거운 일이라고 해서, 매일같이 술을 양껏 마시고, 호화스런 파티를 즐기고, 여기저기 관광지를 찾아서 놀러만 다닌다면 어떨까?

과연 우리는 그렇게 살다가 죽을 때 즐거운 인생을 살았다고 자신 있게 말할 수 있을까? 대답은 물론 '아니다' 이다.

어떤 일을 하게 되었을 때 그리고 반드시 해야만 할 때, 그 일을 즐겁게 해치우는 것이 곧 인생을 즐겁게 사는 방법이다. 힘들고 하기 싫은 일일수록 자신 스스로 즐겁게 보내면 그 결과도 매우 좋다.

우리는 어떤 어려운 일을 해냈을 때 보람과 성취감을 맛보게 되며, 그에 따른 경제적인 윤택함도 동시에 얻을 수 있다.

그렇다고 해서 항상 열심히 일해야 하며 항상 어려운 일에만 매달리라는 것은 결코 아니다. 주위에 우거져 있는 숲들도 바라보면서, 아름다운 꽃의 향기를 맡고, 맛있는 음식을 찾아 즐기기도 하면서 일을 사랑하라는 것이다. 그럴 때 우리의 삶은 더욱더 윤택하고 한껏 풍요로워질 것이다.

이 세상에서 최고의 친구는 바로 나이다

사람들은 개는 인간에게 최고의 벗이라고 흔히 말한다. 나는 이 격언이 결코 옳다고 생각지 않는다. 나는 개를 몹시 좋아하지만, 개는 잘 길들이지 않으면 절대로 좋은 벗이 될 수 없다는 걸 알기 때문이다.

이 세상에서 인간에게 가장 좋은 벗은 누구인가. 바로 자기 자신이다. 어떤 사람이 자기 자신을 훌륭한 인간이라고 생각한다면 반드시 만족을 얻게 되겠지만, 그렇게 생각하지 않는다면 스스로 자기 자신을 쓸모없게 만들기 때문이다.

당신의 친구인 로버트나 톰이나 엘리스나 엘리너는 당신에게 정말 좋은 친구일지도 모른다. 그들은 당신을 항상 매우 좋아하고 위기에 빠진 당신을 기꺼이 구제해 줄지도 모른다. 그러나 그들이 당신의 인생을 대신 살아 줄 수는 없다. 당신이 어떤 어려움에 부딪쳤을 때, 그들은 당신에게 중요한 조언을 해 주거나 적극적으로 뛰어들어 문제의 해결에 큰 도움을 줄 수는 있을지 모르지만, 어디까지나 그 주인공은 당신이며 책임져야 하는 것도 곧 당신인 것이다. 그들은 당신의 기쁨과 슬픔을 나누어 가질 수는 있겠지만 절대로 당신만큼 가질 수는 없을 것이며, 당신이 직업을 선택하는 데 조언을 해 줄지는 몰라도 그 직업의 실패에 대한 책임은 결코 지지 않는 것이다. 따라서 당신에게 가장 최선의 벗, 최고의 벗은 곧 당신 자신이다.

당신은 당신의 자신을 잘 가꾸지 않으면 안 된다.

다시 말하면, 자신의 지아상을 긍정적인 방향으로 확립하여야 한다는 것이다. 자신의 자아상이 확고해야 우리가 세상을 살아가는 데 필요한 안정감을 얻을 수 있기 때문이다.

만일 당신이 자신을 바람직한 인간이라고 생각하거나 자기 자신의 모습에 만족한다면, 당신은 곧 안정감을 갖고 윤택하고 매우 풍요로운 삶을 영위할 수 있을 것이다. 인간의 힘으로는 어떻게 손을 쓸 수 없는 문제라든가, 당신의 희망과는 정반대의 상황이 벌어지더라도 당신은 반드시 자신을 온전히 지탱해 낼 수 있는 것이다.

 ## 자살하는 사람들

혹시 당신은 이런 질문을 할지도 모르겠다.

"이미 나는 매우 불안한 상태에 놓여 있다. 그런데 어떻게 그것을 막아 낸단 말인가?"

당신은 내가 제시한 이론이 매우 현실적이지 못하다고 항의할지도 모른다. 그러나 나는 내 이론이 매우 옳다는 것을 확신한다.

여기에서 나는 당신에게 이런 얘기를 하고 싶다. 우선 당신의 마음속에 다음과 같은 장면을 상상해서 스스로 그려 주기 바란다.

체격이 건장한 50세의 남자가 길을 걷고 있다. 그는 지하철 입구를 향해 걷고 있다. 어딘가를 서둘러서 가고 있는 그는 뭔가 즐거운 것을 잔뜩 기대하고 있는 표정이다. 그런데 그가 지하철 입구에 거의 다다랐을 때, 갑자기 트럭 한 대가 인도로 뛰어들어 그 남자를 들이받아 그 남자는 쓰러졌고, 곧 여러 사람들이 구조하려고 달려온다. 그러나 이미 때는 늦어 결국 그 남자는 죽게 된다.

자, 이제는 뉴욕 병원의 로비로 바꾸어 보자.

로비에서 흰 가운을 입은 한 젊은 남자가 서성거린다. 그는 이제 인턴이 된 지 얼마 안 되는데, 인턴 유니폼을 입은 자신의 모습을 처음으로 아버지에게 보여 주기 위해 기다리고 있는 중이었다. 그는 자기 모습이 매우 자랑스럽고 만족스럽다. 그런데 웬일인지 시간이 흐를수록 조금씩 초조해진다.

마침내 그는 전화를 건다. "여보세요!" 하고 말한 이때 갑자기 그의 얼굴이 굳어지고 새파랗게 질리더니 눈물이 뺨을 적신다. 그는 아버지가 트럭에 치어 돌아가셨다는 소식을 전해 들은 것이다. 그는 곧장 전화를 끊고 로비를 터벅터벅 걸어간다. 그러나 눈앞은 캄캄해서 아무것도 보이지 않아 무엇인가의 장애물에 걸려 넘어진다. 그는 다시 일어나서 다른 데로 곧장 사라진다. 그리고 계속 흐느끼면서…….

내가 바로 그 인턴이었다. 그리고 차에 치어 죽은 남자는 내 아버지였다.

나는 이 아버지의 죽음이 있은 뒤, 내 인생이 모두 끝났다고 생각했다. 아버지를 잃은 충격에서 좀처럼 회복될 것 같지도 않았으며, 아버지의 갑작스런 죽음에 대한 공포심에 사로잡혔다. 그리고 그 뒤 식음을 전폐하다시피 했고 매일 잠도 제대로 자지 못했다. 그리고 외출을 기피하게 되었고 어떤 사람들도 만나기 싫어하게 되었다. 그런 세월이 몇 개월이나 지속되었다. 나는 지금 정신적으로 자살을 한 것이었다.

그러던 어느 날, 나는 문득 자신의 생활을 영위해야 하고 일을 계속하지 않으면 안 되겠다는 사실을 비로소 깨달았다. 비록 아버지에게 의사가 된 자신의 모습을 직접 보여 드리지는 못했지만, 아버지가 나 때문에 고생한 세월이 결코 보람 없는 것은 아니었다는 것을 꼭 입증해야 한다는 생각이었다.

나는 마침내 내 생활로 돌아왔다. 친구들을 다시 만나기 시작했고, 웃음이 가득한 얼굴을 남에게 보여 줄 수 있게도 되었다. 나는 사방으로 흩어진 상처의 파편을 주워 모아 원형대로 다시 짜 맞춘 것이다. 나는 정신적 자살을 포기하고 다시 하루하루를 열심히 살아가기 시작한 것이다.

우리는 세상을 살아가면서 비록 어떠한 불행한 사태, 어떠한 불안정한 상태에 내던져질지라도 자신 스스로 일어나야 한다.

그럴 때 필요한 것이 바로 '자아상'이다. 어떤 스트레스를 받아도 곧장 일어나서 힘차게 발을 내디딜 수 있도록 만들어 주는 것이 자아상인 것이다.

당신의 자아상은 형태가 없는 것이지만, 당신이 세상을 살아가면서 모르는 온갖 불안정한 것을 손쉽게 물리칠 수 있을 만큼 힘이 센 것이다.

골프 챔피언이었던 벤 호건을 생각해 보라. 호건은 챔피언이었을 때, 어느 날 갑자기 자동차 사고로 크게 다쳤다. 그는 이제 골퍼로서는 생명이 완전히 끊긴 것이었다. 이때 세상 사람들은 누구나 그가 골프 제1인자는커녕 골프채를 다시 잡지 못할 것이라고 확신했다.

당신이 호건 같은 사고를 당한다면, 당신은 자신의 인생이 끝장 났다고 생각할 것이 틀림없다. 하지만 벤 호건은 굳은 신념을 갖고 있었다. 자신이 그 크나큰 난관을 돌파할 수 있다고 굳게 믿고 있었 던 것이다. 그는 뼈를 깎는 고통을 감수하면서 끈질기게 노력한 결 과 마침내 골프계로 복귀했고, 이윽고 챔피언의 자리를 당당하게 되찾을 수 있었다.

만일 당신이 프로 축구 선수인 제리 클래머였다면 아직도 축구를 계속하고 있을까?

클래머는 시합에서 척추를 크게 다쳤고 복사뼈마저 부서져서 수 술을 받았다. 그런데다 3주일 후에는 부서진 큰 뼛조각이 몸 속을 뚫 고 들어가 창자까지 다쳤다. 그러나 그는 마침내 유니폼을 입고 축구 선수로 복귀했다. 그 후에도 그는 망막을 다치고 사냥총 오발 사고로 부상을 입었지만, 마치 그는 폭탄처럼 굉장한 플레이를 보였다.

그는 시속 100마일로 질주하는 차 속에서 밖으로 내던져진 일도 있었다. 차는 나무와 충돌한 다음 클래머를 덮치면서 폭발했다. 그 러나 그는 항상 두 발을 대지 위에 딛고 힘차게 섰으며, 조금도 두 려워하지 않고 자신의 새로운 인생에 대비하곤 했다.

그는 체중이 250파운드이고, 온 몸이 튼튼한 근육으로 똘똘 뭉쳐 있었다. 그러나 그는 육체 그 이상의 강인한 힘을 갖고 있었다. 그 것은 곧 자기 자신에 대한 신뢰감이었다.

전쟁 영웅도 치과는 무섭게 생각한다

내 친구에 대한 이야기를 하겠다.

그는 제2차 세계 대전 중 육군에 소집되어 보병 부대의 소총수로서 유럽 대륙에 건너가 6개월 동안이나 수많은 전선을 누볐다. 그동안 2백 명에 이르는 중대원들은 대부분 죽었다. 그러나 그는 억세게 운 좋게도 살아남은 생존자 몇 명 가운데 낄 수 있었다. 그는 이등병에서 상사까지 진급했으며, 전쟁터에서 영웅적인 공로로 표창장을 세 번씩이나 받았고 훈장도 한 개 받았다.

그는 야간에 순찰대를 이끌고 적의 후방으로 깊숙이 잠입해서 적정을 살핀 다음, 수비가 철통 같은 적의 진지를 부수고 그곳을 무사히 탈출하여 되돌아온 적도 있었고, 어느 날 독일군의 포위망에 갇힌 아군을 구출하러 들어가 적의 기관총 진지를 파괴하고 부상병을 무사히 구출한 적도 있었다.

또 어느 날은 정보부의 명령을 받고 독일군 장교를 생포한 적도 있었는데, 그는 자신의 분대를 인솔하여 독일군 진지에 있는 철조망과 지뢰밭을 돌파하여 4명의 독일군 장교를 포로로 붙잡았다. 이때 그 장교는 독일군의 대 반격 작전 내용을 모두 털어놓았던 것이다. 연합군은 그 정보를 바탕으로 독일군의 대 반격을 무찔렀고 그들의 뜻을 좌절시키는 큰 전과를 올렸다.

그는 부하들에게 매우 믿음직한 지휘자였다. 어느 날 그의 분대가 적진 한가운데 고립된 적이 있었다. 마침내 그는 저녁이 되자 분대원들을 조그마한 민가에 잠입시켰다. 그는 그날 밤을 거기에서 보낼 작정이었던 것이다.

민가 안에는 독일군의 시체가 몇 구 뒹굴고 있었다. 본대와 멀리 떨어져 적진에 갇힌데다 시체가 썩는 냄새가 코를 찌르는 엄청난 공포 분위기 속에서 분대원들은 두려움에 몹시 떨고 있었다. 그러나 곧 그들은 냉정함을 되찾을 수 있었다. 그것은 분대장의 대담성과 침착함에 고무되었던 것이다. 그렇게 하룻밤을 새운 그들은 다음날 아침에 적을 기습 공격하여 큰 전과를 올렸다.

그의 용맹함은 앞뒤 분별이 없다고 할 수 있을 정도였다. 그는 분대가 본대에서 멀리 떨어져 적진의 코 앞에 전초 진지를 설치했을 때였다. 그는 잠시 거기에 있다가 어떤 일이 있어서 부하 한 명을 데리고 본대로 향했다. 가는 길에 그들은 전에 눈여겨보아 두었던 맥주 공장에 들렀다. 그들은 커다란 맥주통을 한 통씩 어깨에 메고 다시 본대로 향하였다. 그런데 그 길은 죽음의 길로 잘 알려져 있었으며 수많은 독일군 저격병들이 곳곳에 숨어 있는 길이었고, 독일군의 88구경 포탄이 집중적으로 떨어지는 곳이었기 때문이었다. 그런 길을 그들은 기어서 전진하여 마침내 전우들에게 맥주를 선물했다.

그는 전쟁터에서 온갖 죽음의 난관에 부딪혀도 단 한 번도 주저앉지 않고 살아남았다. 그는 자신의 공포심을 억제하고, 두려움과 긴장으로 제정신을 잃어 가는 부하들을 잘 지휘했다.

그런 그가 치과 의사를 매우 두려워한다는 사실을 당신은 어떻게 생각하는가. 그는 치과에 가기 전날부터 아무 일도 못 한다. 치료라고는 하지만, 스케일링을 한다거나 이의 조그마한 구멍을 때우는 정도의 경미한 치료인데도 그는 그렇다.

그는 치과에 가서 진료의자에 앉는 순간부터 몹시 긴장한다. 그리고 드릴이 윙윙 소리를 내기 시작하면 의자의 팔걸이를 힘껏 쥐고, 기계가 치아를 갈기 시작하면 식은땀을 계속 흘리는 것이다.

이런 현상을 뭐라고 설명하면 좋을까? 그것은 곧 '자아상' 때문인 것이다.

전쟁터에 있을 때, 그는 자기의 직책을 매우 자랑스럽게 생각하였다. 그 때문에 자신이 직면한 시련을 기꺼이 견딜 수가 있었다. 그런데 치과의사 앞에 앉았을 때, 그는 온갖 공포감에 사로잡힌다. 그리고 그런 자신을 몹시 부끄러워하고 비겁한 것으로 느꼈다. 따라서 그런 마음으로 이루어진 그의 자아상이 곧 그 자신을 그렇게 만들었던 것이다.

이것은 중요한 얘기다. 왜냐하면 내가 당신에게 주입시키고자 하는 이론의 핵심의 진리를 찌르고 있기 때문이다. 그것은 간단히 말해 자아상의 강도를 가리킨다. 다시 말하면, 당신이 어떠한 장애를 극복할 수 있는 길은 당신의 자아상의 강도에 따라 결정된다는 것이다. 현실이 비록 당신을 불안하고 불쾌하게 만들더라도 당신이 당신 자신을 힘차게 붙잡고 있다면, 어느 정도는 안심하고 생활할 수 있는 것이다.

당신의 귀를 때리는 로큰롤 음악이 신경을 몹시 건드리고, 건널목을 건너는 당신 옆으로 갑자기 신호등을 무시한 자동차가 질주하고 하늘에서는 제트기가 요란한 폭음 소리를 퍼붓고 있다. 이처럼 점점 더 어지러워지는 세상에서, 당신이 안심하고 살아가기 위해서는 당신의 자아상에 의존하지 않으면 안 된다. 어떤 일이 있어도 당신의 자아상을 믿고 자신의 모든 힘을 기울여 그것을 강화시켜야 한다.

거울에 비친 진정한 나의 모습

당신은 매일 수염을 깎거나 립스틱을 바르고, 이를 닦고 세수를 하면서 자신의 얼굴을 거울에 비추어 볼 기회가 하루에도 몇 번씩 있을 것이다. 이때 거울은 깨진 것이든 매우 흐린 것이든, 큰 것이든 값싼 것이든 아무 상관이 없다. 당신이 거울을 통해 자신의 모습을 볼 수 있으면 된다.

우선 당신의 얼굴을 살펴보라. 여러 가지 바쁜 일이 당신 뒤에 산더미같이 쌓여 있다 하더라도, 거울 앞에 잠시 서서 당신의 몸을 바라보라. 이것을 우스운 일이라고 결코 무시하지 마라. 머리를 빗는다든지 손을 씻은 다음 2~3분 동안이면 된다.

당신은 거울 속의 당신을 바라보면서 마침내 당신의 진정한 모습을 발견하게 된다. 그러나 처음부터 그렇게 되지는 않는다. 만일 당신이 어떤 좋지 않은 상황에 놓여 있다면, 처음에 당신은 아마도 거울 속에서 당신을 위협하는 온갖 사람들의 얼굴을 보게 될 것이다.

그것은 당신의 어른일 수도 있고, 당신의 경쟁 상대, 또는 주차 위반 같은 교통법규 위반 때문에 당신을 처벌하는 경찰관의 얼굴일 수도 있다. 그것은 당신이 공포나 불안과 절망 때문에 자아상을 보지 못하고 있기 때문이다. 그러나 거울을 보는 횟수가 점차 늘어갈수록 당신은 거울 속에 비친 당신의 모습 안에 자리하고 있는 당신의 참모습을 곧 발견하게 된다.

그러나 분명히 말해 두고 넘어가야 할 문제는, 이것은 자기애自己愛를 키우는 것이 목적이 아니라는 것이다. 왜냐하면 그럴 경우 그것은 자기 도취 강화에 지나지 않는 것이고, 그것은 자신을 상처 내게 하는 일이 될 뿐이다.

당신은 거울 속의 당신을 향해 '나는 완전하고, 다른 사람보다 훌륭하다'고 들려 주어서는 안 된다. 그러한 행동은 당신 자신을 비뚤어지게 만들고, 남에게 비웃음을 살 뿐이다.

이 거울을 바라보는 여러 가지 정신 없는 생활의 흐름 속에서 당신의 모습을 구출하는 방법이다. 당신은 육체상을 되찾음으로써 당신의 정서상情緖像을 살아나게 하고, 그것들을 현실과 연결시킴으로써 당신 자신의 합성상合成像을 반드시 만들어야 한다. 그럼으로써 당신은 마침내 창조적 생활을 통해 당신 자신이라든가 다른 사람들을 위하여 최선을 다하는 인간이 될 수가 있다.

그렇다고 하여 자기 도취와 정반대되는 것에 빠져서는 안 된다.

즉 파괴적인 자기 비판에 빠져들면 안 된다는 것이다. 당신의 생김새는 당신을 만족시키지는 못하겠지만, 그리고 완전함 같은 것은 매우 기대할 만한 것이 못 된다. 그냥 있는 그대로를 자신이 기꺼이 받아들이는 것이 몹시 바람직한 일이다.

거울을 바라보는 목적은 자기 발견 혹은 자기 재발견이다. 매일 짓누르는 불안과 긴장으로부터 당신을 해방시키고 공포를 깨끗이 떨쳐버린 다음, 당신의 얼굴을 잠시 바라보는 것이다. 당신의 얼굴이 비록 경험이 많고 성공한 사람의 얼굴이 아닐지라도 그렇게 함으로써 당신은 성공으로 향하는 길 위에 첫 발을 내디디게 되는 것이다.

당신은 거울에 비친 당신의 얼굴 뒤에 있는 인간을 바라보고, 그의 진면목을 똑바로 간파해야 한다. 그렇게 함으로써 당신은 생동감 있는 당신의 모습을 유지할 수 있게 된다.

인공위성은 며칠이고 계속해서 지구의 둘레를 돌고 있다. 그런 것처럼, 당신의 생활 궤도는 자아상의 인력에 꽁꽁 묶여 있다. 그래서 당신이 매일 새로운 사람들과 접촉하게 된다든지 그리고 새로운 상황 속에 빠져 몹시 위험해졌다 하더라도, 당신의 자아상이 강력하다면 그곳은 마치 당신의 집같이 느껴질 것이다. 그러나 당신의 자아상이 빈약하면, 당신은 주위 여러 사람들의 의견에 그저 순응만 하게 됨으로써 맥없이 물러서게 될 것이다.

당신은 하나의 우주다. 그리고 당신의 마음은 '내우주內宇宙' 다. 이 내우주를 직접 탐험하고 파악해야 하는 것은 당신 자신의 임무다. 그것은 당신을 현실적이고 육체적이며 정서적으로 똑바로 응시하는 것이다. 그리고 당신이 이제까지 실생활에서 체험했던 성공의 체험을 꺼내어, 그것이 당신의 몸과 마음의 일부가 될 때까지 계속 되풀이하면서 회상하라. 매일 당신의 몸을 유심히 바라보고, 그 마음속을 들여다보아 당신의 자아상을 한껏 강화시킴으로써 항상 마음속의 '내우주' 를 강화하는 데 힘써라.

당신은 10부터 0까지 거꾸로 센 다음, 자신의 이름을 부르면서 이렇게 물어보라.

"○○○씨, 오늘은 기분이 어떻습니까?"

이때 당신은 절대로 과거로 되돌아가면 안 된다. 그리고 이때 과거의 실수라든가 실패를 자꾸 떠올리는 것은 절대 금물이다. 그런 과거는 모두 과감하게 잘라서 시간의 궤도에 던져 버리도록 하자.

거울을 들여다보면서 당신은 자신에게 이렇게 타일러라.

"앞으로 계속 나가자! 그러면 나는 다른 사람의 의견에 질질 끌려다니는 바보짓은 안 할 것이다!"

이렇게 매일 거울 앞에서 몇 분 동안 자기 자신에게 가까이 접근하는 방법을 계속한다면, 반드시 당신은 자신의 풍요로운 생활을 가꾸는 데 반드시 필요한 자아상을 키워 나갈 수 있을 것이다.

오늘을 충실하게 살아라

당신은 무엇보다도 정신적으로 안정될 필요가 있다. 세상은 항상 매우 위험하기 때문이다. 만일 당신이 '자아'에 대한 깨달음을 강화시킨다면 어떠한 위험 속에서도 오랫동안 살아남을 것이다.

여성은 임신할 때마다 어머니로서 책임을 짊어지고 또 온갖 불안감에 휩싸인다. 앞으로 태어날 내 아이는 어떤 아이일까? 그리고 얼굴은 어떻게 생겼을까? 혹시 몸에 이상은 없을까? 사내아이일까, 계집아이일까? 아빠를 닮았을까, 나를 닮았을까? 그리고 내가 아이를 낳으면 우리 생활은 어떻게 변할까?

꽤 오래전의 얘기인데, 50세의 소설가인 여자친구가 어느 날 갑자기 자동차 사고를 당한 적이 있었다. 그녀는 그 사고로 인해 사람이 완전히 바뀌어 버렸고 사람 만나기를 회피하면서 몹시 침울해진 것이다. 나는 그녀에게 이렇게 말했다.

"내 말을 잘 들어 봐, 너는 지금 네 자신 속에 깊숙이 틀어박혀 있어. 이를테면, 담 위에서 어디로 가야 할지 오락가락하고 있어. 그런데 언제까지 거기에만 있을 거야? 마침내 어느 쪽인가로 뛰어내려올 거 아냐? 그렇다면 어느 쪽이 너한테 매우 창조적이고 적극적이고 쓸모있는 쪽인지 잘 판단해서 당장 뛰어내려오길 바래. 물론 이 일은 너한테 그게 결코 쉬운 일이 아닐 거라는 걸 잘 알지만 어쨌든 너는 결정해야 하잖아? 그렇다면 지금 당장 결정해. 그렇지 않으면 안 돼."

그녀는 그렇게 해서 다시 자기 자신을 되찾을 수가 있었다. 그리고 그녀는 다시 소설을 쓰게 되었다. 나는 그렇게 어려운 고비를 잘 넘긴 그녀에게 칭찬을 보내고 싶다.

어느 날 내가 콜로라도의 덴버에서 강연했을 때, 강연이 끝난 다음에 70세쯤 된 노인 한 분이 나를 찾아왔다.

"박사님의 말씀은 제게 매우 유익한 얘기였습니다. 하지만 그건 젊은이들에게 해당되는 것이고 나 같은 늙은 사람한테는 별로 도움이 안 되는 것이었습니다. 황혼길에 들어선 나한테 그런 말씀이 무슨 소용이 있겠습니까?"

나는 그 노인에게 이렇게 대답했다.

"황혼 인생이라고 하면 70세이거나 7세이거나 인간은 모두 자투리 인생이 아닐까요? 문제는 자신이 자신의 인생을 어떻게 보느냐는 것입니다. 인생은 하루하루가 쌓여서 이룩되는 것인 만큼, 자신에게 주어진 그 하루하루의 생활을 알차게 보내면 되는 겁니다. 그리고 당신은 과거의 실패라든가, 실망이라든가, 미래에 대한 불안을 모두 잊어버리고 성실한 나날을 살지 않으면 안 됩니다. 그것이 생활이라고 하는 것입니다. 당장 지금부터 생활을 시작하세요. 그리고 최선을 다한 다음, 그 결과를 겸손하게 받아들이는 것입니다. 당신에게는 자신의 생활을 체념한다든가 하는 따위의 권리는 없습니다."

그렇다. 인생이 얼마나 남았든 간에 가장 중요한 것은 오늘이다. 당신은 반드시 어떤 일이 있어도 오늘을 충실히 살아야 한다. 그렇게 노력하는 것만이 심적으로 안정되는 길이다.

인생을 다스리는 방법

당신의 삶 또한 모든 것을 잃을지도 모를 위험을 내포하고 있지만 그렇기 때문에 자신의 더욱 풍요로운 삶을 영위하기 위해 부단히 스스로 노력해야 하는 것이다. 그것이 위험을 물리칠 수 있는 가장 유일한 길이기 때문이다.

하는 일에 최대한 집중하라

당신의 마음속에서 불이 활활 타오르고 있다. 그것은 자신의 그 무엇을 향한 열망의 불이다. 그것을 켤 수 있는 것도, 끌 수 있는 것도 오직 당신뿐이다. 만약 당신이 무능하다면 그 불은 곧장 꺼질 것이고, 유능하다면 활활 타오르게 될 것이다.

그렇다면 어떻게 해야 그 불을 세차게, 계속 타오르게 할 수 있을까? 그것은 당신이 어떤 일을 성공으로 이끌어야 할 뚜렷한 목표를 결정했을 때, 과감하게 그 목표를 향해 전진하는 태도에서 비롯된다.

우선 당신은 맡은 일에 흥미를 가져라. 우리들은 대개 자신이 맡은 일에 매우 소극적이고 수동적이다. 그래서 상사가 시키는 일만

하고, 창의력을 결코 발휘하지 않는다. 그러나 자신의 주어진 일에 끈끈한 애정과 흥미를 계속해서 가진다면, 당신은 성공의 길에 접어들게 될 것이다.

얼마 전에 작고한 에드워드 말로가 텔레비전 해설자로서 성공한 것은, 그가 취급하는 화제에 평소 많은 흥미를 가지고 있었기 때문이다. 시청자는 텔레비전에서 말로를 보고 있었노라면 다른 채널로 돌릴 생각을 못 하는 것은 물론, 다른 일조차 못 하게 만든다. 그는 상대방의 시선과 정신을 온통 자신에게 쏠리게 만들기 때문이다. 그는 정치적인 자유라든지 인종 문제, 빈곤을 비롯하여 어느 개인이라든가 작은 사건, 조그마한 사진 등에 이르기까지 어느 문제에서라도 시청자들의 관심을 계속해서 붙잡아 둘 수 있는 주제를 뽑아내는 빼어난 능력을 그 나름대로 가졌다. 시청자들은 그의 자세하고 차분하고 지적인 해설에 그만 매혹되어 버리는 것이었다.

그런가 하면, 제임스 캐그니나 베티 데이비스 같은 명배우들의 화려한 성공은 자신을 작품 속의 인물에 몰입시키는 열정에서 비롯되었고 그들은 그 영화를 촬영하는 동안은 실생활에서도 마치 작품 속의 인물처럼 말하고 웃고 울면서 생활한다고 한다. 그러한 무서운 집중력으로 그들은 스타로 발돋움하게 된 것이다.

발명 왕 토머스 에디슨은 집중력의 화신이었다. 그는 언제 어디서든 자신이 세운 목표에 몸과 마음을 철저하게 불사른 사람이었다.

우리는 대부분 에디슨을 백열전등의 발명가 정도로 생각하고 있다. 그의 엄청난 업적을 잘 모르기 때문이다. 그는 그 외에도 축음기·전기기구나·마이크로폰·콘크리트 빌딩의 건설법·금속판 제조법을 발명했고, 영화와 전신장치와 전화에 대한 획기적인 기여를 했으며, 자동차의 개발과 공급, 그리고 그 제조 시스템에 대한 아이디어 등은 그의 창조적이고 획기적인 수많은 발명품 가운데 일부에 지나지 않는다.

그의 발명품은 엄청난 양이었고 우리들에게 매우 귀중한 것이다. 그의 아이디어를 실용화하여 오늘날의 진공관이 탄생했는데, 진공관은 라디오·장거리 전화·광선·영화·텔레비전을 비롯하여 무수한 발명으로 발전했다.

1928년, 의회는 에디슨을 초청하여 금메달을 수여했다. 그가 발명한 것들이 인류에게 커다란 기여를 했다고 높이 평가했기 때문이었다. 그러한 에디슨은 학교에서의 교육은 불과 3개월밖에 받지 못한 사람이다. 그의 담임선생은 에디슨이 교실에서 날마다 잠만 자기 때문에, 그가 사회에 나가 결코 성공할 수 없을 것이라고 예언했다. 그러나 그는 인류 역사에 영원히 남을 만큼 위대한 업적을 남긴 큰 인물이 되었다.

에디슨의 위대한 성공의 비결은 무엇이었을까? 그것은 '집중력'이었다. 그는 일단 어떤 자신의 목표가 정해지면, 자신의 생활 자체를 철저하게 그것에 맞추었다. 목표 그 자체가 곧 그의 생활이었던 것이다.

그는 일단 계획을 세우면 그것에 관한 책은 모조리 읽어치웠다. 그는 그 일에 몰두하여 피로함도 잊은 채 독서로써 나날을 보냈다.

그렇게 해서 지식을 얻은 후 그는 실험실에서 일을 시작하는 것이었다. 그는 오랜 시간 계속해서 실험을 하였는데 오전 8시 전에 실험실에 들어가면 다음날 오후 2~3시에 나오는 것은 보통이었다. 그는 매우 강인한 정력가인 까닭도 있었지만, 집중력이 매우 탁월했기 때문이었다.

언제나 목표 추구 외의 헛된 행동에 시간을 허비하는 일이 없었던 에디슨은 실패한 것에서 옳은 길을 찾는 데도 매우 뛰어난 능력이 있었다. 그는 수많은 실험의 실패에도 결코 지치거나 포기하는 법이 없었고, 하나의 실패에서 그 방향을 수정하고, 또 다음의 실패에서 또다시 수정하여 목표 달성을 향해 꾸준히 나갔다. 그의 위대한 상상력과 지성, 그리고 목표에 대한 집중력과 열의가 그를 인류 사상 빛나는 최대의 발명가로 만들었다.

그러한 그의 집중력은 일에만 발휘된 것이 결코 아니다. 그는 휴가 때면 노는 데 매우 열중했다. 휴가라는 목표 달성에도 온갖 심혈을 기울인 것이다. 그는 휴가 중에는 아예 일에 관한 이야기조차 하지 않는 사람이었다.

항상 일을 즐겨라

자신의 목표를 뚜렷하게 가진다는 것은 매우 창조적이고 유용한 정신 집중의 수단이 된다. 당신은 목표를 갖지 않으면 안 된다. 그것이 어떤 것이든 간에 언제나 뚜렷한 목표를 가지고 있어야 한다.

사람들은 아침에 눈을 뜨고 침대를 정리하면서부터 그 날 일을 걱정한다. 어제 끝마무리를 미처 하지 못 한 일에 대한 걱정, 왠지 장사가 잘 되지 않을 것 같은 불길한 예감, 뭔가 좋지 않은 일이 일어날 것 같은 걱정으로 하루를 시작하는 것이다. 그것은 대부분 습관적인 것이다. 이제 당신은 온갖 걱정을 희망으로 과감하게 바꿔야 한다. 아침에 일어나서 세수하고 머리를 빗고 수염을 깎거나 립스틱을 바르는 것처럼 아침에 눈을 뜨자마자 자신 스스로 희망을 가져야 하는 것이다.

희망이란 우선 어떤 목표가 있어야 한다. 어제 미처 하지 못한 일을 오늘은 어떤 일이 있어도 반드시 마무리짓겠다든지, 어떤 상담을 반드시 성사시키겠다는 강력한 목표가 그것이다. 그리고 그 목표는 당신에게 반드시 행복감을 가져다줄 수 있는 것이어야 한다.

그러기 위해서 그 목표는 남이 당신에게 강요하는 것이 아니라 당신 자신이 스스로 세워야 한다. 그렇지 않으면 당신의 노력에 아무런 보람이 없을 것이기 때문이다. 이성을 가진 인간으로서, 당신은 자신의 사고를 스스로 비판하고 부적절한 것을 모두 배제하면 당신은 그 목표 달성의 과정에서 실패를 저지를 수도 있을 것이다. 그때 당신은 자신을 자학한다든지 실망해서는 결코 안 된다. 그리고 당신이 인간이라는 사실만을 생각하면 된다. 그리고 어린 아이들은 수없이 시행착오를 반복하면서 배운다. 어른도 마찬가지다. 세상을 살아가는 데 건설적인 비판은 자신에게 도움이 되지만, 자책하는 따위는 오직 자신의 파괴를 가져올 뿐이다.

로마의 시인인 호라티우스의 통찰력은 오늘날에도 생생하게 살아 있는데, 그는 다음과 같이 쓰고 있다.

"화살이 언제나 겨냥한 곳만 맞힐 수는 없다."

그것은 참으로 위대한 진리다. 때때로 당신은 자신이 추구하는 과녁을 맞히지 못할 때가 있을 것이고 또한 어느 날은 전혀 아무런 목표도 세우지 않고 하루를 시작하기도 할 것이다. 그런 날은 실패하기가 가장 쉽다. 그러나 다음날에도 자신의 뚜렷한 목표를 가지고 새로운 생활을 영위할 수 있게 된다. 그리고 지난날은 생각지 말자. 오직 하루하루가 전부다. 그렇게 되면 당신에게는 반드시 항상 새로운 날이 시작되고 보람된 삶이 눈 앞에 펼쳐질 것이다.

영국의 작가 조지 엘리엇은 이렇게 썼다.

"생활을 황량하게 만드는 것은 동기의 결핍에 있다."

당신의 생활을 매우 황량하게 만드는 것은 오직 당신 자신인 것이다. 당신은 자신에게 동기를 부여하지 않으면 안 된다. 자신의 필요한 것을 만들기 위해 부단히 노력해야 하는 것이다. 그리고 당신의 모터를 가동시켜 자신이 만든 길을 계속 달리는 것이다.

단순한 목표에 집중하라

당신은 목표를 정하는 데 발명 왕 토머스 에디슨에게서 교훈을 얻을 수 있다. 그는 자신의 목표를 추구하는 데 몹시 치열하고 엄격한 사람이었다.

그렇게 얘기한다면 당신은 혹시 이렇게 반박을 할지도 모르겠다.

"에디슨 같은 위대한 사람이나 그럴 수 있는 거지, 나같이 보통 사람이 어떻게 그렇게 할 수 있을까?"

그것은 매우 잘못된 생각이다. 당신은 자신의 문제의 본질을 잘못 생각하고 있는 것이다.

에디슨은 매우 위대하다. 그러나 분명한 것은 그도 몹시 보통 사람이라는 사실이다. 만일 당신이 에디슨을 직접 만났더라면 그의 평범한 모습에 깜짝 놀랐을 것이다.

그는 항상 자신의 뚜렷한 목표를 세우고, 그 목표를 굳게 믿고, 그 목표를 계속 추구하며 살았다. 말하자면 목표가 그의 생활이었고 목표는 곧 그의 나날이었다.

자신의 뚜렷한 목표를 매일 세우고 그것을 향해 계속 열정을 불태우는 것을 에디슨에게서 배워야 한다. 당신의 가슴 속에서 뜨겁게 타오르는 불을 느끼는 것, 바로 그것이 곧 생활한다는 것이다.

우리는 모두 개성이 있는 사람이다. 따라서 각기 다른 목표를 갖게 된다. 그러나 목표에 대해 품는 열정과 불타는 의지, 돌진하고픈 감정은 똑같다.

나는 바다를 무척 사랑하는 어느 사나이를 잘 알고 있다. 그는 바다와 관계된 일이라면 아주 조그만 것에서도 자신의 큰 기쁨을 얻는 사람이었다.

그의 눈은 바다를 말할 때 마치 새로운 생명을 얻은 듯 몹시 반짝이고, 바다를 바라볼 때 그의 온 몸은 환희로 가득 찬다.

그는 바닷속에 들어갔을 때, 너무나 아름다워 그대로 그곳에 남고 싶어진다고 말한다. 그는 자신의 생명을 잃을 것이라는 생각조차 못할 정도로 그에게 바다는 매혹적인 것이다. 그는 언제 어느 때라도 곧장 바다에 뛰어들고 싶은 사람이었고, 그에게 있어 바다는 그의 모든 것이었다.

당신의 목표는 그가 추구하는 바다여야 한다.

자신의 목표에 대해 뜨거운 열정을 느끼게 되면 당신은 생활도 그렇게 할 수 있다. 그리고 당신의 몸은 온통 생기로 가득 차게 된다.

우리들의 감정은 죽어 있는 경우가 너무나 많다. 그것을 자신의 생활을 통해 반드시 되살려야 한다.

예를 들어, 당신이 집에서 아침밥을 먹으면서 조간 신문을 본다고 가정하자.

거기에는 두 가지 뚜렷한 목표가 있다. 어느 것이나 당신의 하루 중의 목표로써 매우 중요한 것이다. 식사를 해야 에너지를 얻고, 신문을 통해 새로운 세상의 정보를 얻어야 세상에 대한 지식을 넓힐 수 있기 때문이다.

그렇다면 당신은 그런 목표를 분명히 달성하고 있는가? 당신은 그렇다고 대답할 것이다.

"너무 간단한 일이 아니요?"

그럴까?

당신은 오렌지 주스의 시큼한 맛, 그리고 잘 구워진 토스트의 감촉, 뜨거운 커피의 향기를 충분히 만끽하고 있을까? 혹시 당신은 식사를 하면서 전쟁 뉴스에 정신이 온통 팔려 있지는 않을까?

조간 신문을 보는 것은 어떨까?

당신은 세계의 뉴스를 고찰하고 창조적으로 파악하면서 그 내용을 충분히 이해하고 있을까? 신문을 통한 정보에 의해 당신의 생활에 과연 유용하게 활용되고 있을까? 그리고 이 매우 복잡다난한 세상에 대한 당신의 예측 능력을 증강시켜 주고 있을까?

혹시 당신의 걱정을 더하게 해 주는 원인이 되고 있지는 않을까?

전쟁 뉴스에 걱정하고 고혈압이나 당뇨병에 대한 의사의 말에 겁을 집어먹으며, 최신의 핵 개발에 대한 해설 기사를 읽고 신경질적으로 방바닥에 신문을 내던지지는 않는가?

누군가 당신이 못마땅하게 생각하는 사람이 TV 뉴스에 등장하여 당신의 마음을 흐려 놓는 것은 아닐까? 그 사람을 향해 비아냥거리며 욕지거리를 해대느라 혹시 소화 기능에 장애가 생기지는 않을까?

만약 그렇다면 당신은 두 마리의 토끼를 다 놓치게 될 것이 분명하다.

그리고 당신은 불만에 가득 찬 상태로 식탁을 떠나게 될 것이며 아침밥은 모두 먹어치웠지만 아무런 맛도 모르는 채, 아무래도 자신의 위가 안 좋다고 투덜대고, 세계가 점점 타락해 간다고 불평을 늘어놓으면서 직장으로 향한다.

당신은 과연 하루를 바람직한 모습으로 시작하는 걸까?

당신은 하루하루 그리고 주어진 그 순간순간을 매우 충실하게 살아가는 법을 반드시 배워야 한다. 아무리 작은 목표라도 그 목표를 달성하기 위해 당신의 힘이 미치는 데까지 최선을 기울여야 한다.

우리는 달걀이나 베이컨을 먹을 때도 기쁨을 얻을 수 있다. 이러한 자신의 참신한 생활 감각을 다시 발견하지 않으면 안 된다.

항상 위험을 생각지 마라

58세의 어느 여성이 나에게 이런 얘기를 했다.

"내 남편은 이미 세상을 떠났고, 자식들도 모두 내 곁을 떠나 버렸습니다. 나는 곧 늙어빠진 쓸모없는 여자로 전락되어 버릴 것입니다. 지금도 몸이 아파서 몹시 괴롭습니다. 그런데 나에게 무슨 목표가 있을 수 있겠습니까?"

또 23세의 어느 젊은 남자는 이렇게 고백했다.

"저는 혼자 가끔 이렇게 생각할 때가 많습니다. 나도 내 생활을 건전하게 설계할 나이가 된 만큼 최선의 노력을 기울여 인생을 가꾸어 나가야 한다. 하지만 이 복잡한 세상에 그게 가능한 일일까? 어떤 나라에서 갑자기 원자폭탄을 발사하여 인류가 모두 멸망할지도 모르는 일 아닌가? 그런데 뭐 하러 안달하면서 세상을 살아야 하는가?"

이러한 부정적인 사고 방식을 가진 사람들이 주위에 의외로 많은 것을 보고 나는 깜짝 놀랐다.

"그게, 틀린 말은 아니지 않습니까? 그러면 당신은 아니라고 부정할 수 있습니까?"

그들은 그렇게 말했다. 그러나 나는 단호하게 부정한다. 그런 생각은 일부를 제외하고는 결코 진실이 아니기 때문이다.

58세의 여성의 문제는 확실히 사실이다. 그러나 그녀는 자신에게 생활할 권리가 있다는 점을 모두 놓치고 있다. 자신의 무엇인가 할 일을 곰곰이 생각하면서, 자아 발전을 위해 친구도 사귀고, 자신의 삶을 매우 풍요롭게 만들기 위하여 취미도 갖는 등 여러 가지 해야 할 일이 많은 것이다.

23세의 젊은이는 '위험'에 대해 너무 신경과민에 빠져 있다. 물론 그 청년의 말대로 이 세상은 분명히 온갖 위험으로 가득 차 있다. 그러나 자신에게 언제 위험이 닥칠지 모른다고 자신이 살아가는 것을 중단한다는 게 말이나 되는가. 그렇다면 옛날 사람들은 어떻게 살았단 말인가? 위험이란 것은 현대에만 존재하는 것이고 옛날에는 존재하지도 않았단 말인가. 이것은 몹시 어리석은 말이다.

2백 년 전, 미국의 국민들은 거친 자연과 싸워야 했고 들짐승과 인디언과 온갖 질병 등의 위협에 필사적으로 싸우면서 살았다. 그리고 1백 년 전에는 남북 전쟁으로, 50년 전에는 제1차 세계 대전으로, 또 불과 25년 전에도 수백만 명이 대공황으로 인해 비참하게 죽었다.

이런 위험이 닥칠 때마다 세상의 사람들은 큰 충격을 받고 어쩔 줄을 몰랐다. 30년 전까지만 해도 인류는 여러 가지 무서운 질병으로 수많은 고통을 당하였고 비참하게 죽어 갔다. 지금은 모두 고칠 수 있는 병들이었다.

인류사의 어느 시대를 살펴보아도 위험이 없었던 적은 이제까지 한 번도 없었다. 따라서 인간은 위험과 함께 생활하고 위험에 능동적으로 대처하며 생활해 나가지 않으면 안 되었다.

당신의 삶 또한 모든 것을 잃을지도 모를 위험을 내포하고 있지만 그렇기 때문에 자신의 더욱 풍요로운 삶을 영위하기 위해 부단히 스스로 노력해야 하는 것이다. 그것이 위험을 물리칠 수 있는 가장 유일한 길이기 때문이다.

굳은 신념을 가져라

행동할 때가 오면 절대로 망설이지 마라. 그리고 주춤거리지 말고, 이것저것 핑계를 대지 마라. 허리띠를 단단히 졸라매고 곧장 전진해야 하는 것이다.

신념은 가장 위대한 힘이다

『365일을 어떻게 살 것인가』의 저자 존 A. 신드라 박사는 이렇게 말했다.

"인간이 성장한다는 것은 곧 인격이 완성된다는 것이다."

다시 말하면, 자신이 정신적으로 성숙해진다는 것은 뭐든지 자신 스스로 배워서 자기 것으로 만들 수 있게 된다는 뜻이다.

캐나다의 사스캐체완 주의 사스카토운 시 북부 지역에 살고 있는 릴리언 헤드레 부인도 그랬다. 어느 날 헤드레 부인은 자동차를 타고 가다가 깊은 계곡으로 추락하는 사고를 당하기 전까지, 평범한 아내로서 어머니로서 자신의 행복한 인생을 보내고 있었다.

주위 사람들은 사고를 당한 헤드레 부인이 아마도 척추가 부러졌을 것이라고 생각했으나 X선 검사를 해본 결과, 비록 부러지지는 않았지만 척추 몇 군데에 탈골 현상이 발견됐다. 그녀는 무려 3주일 동안 입원을 해야 한다는 것이었다.

의사는 헤드레 부인에게 심각한 어조로 그녀의 진단 결과를 알려 주었다.

"부인 각오하십시오. 몸의 상태가 아주 좋지 않습니다. 몸에 척추 경화의 징후가 나타나고 있는데, 아마도 5년쯤 지나면 움직일 수 없게 될지도 모릅니다."

헤드레 부인은 그때를 이렇게 말하였다.

"저는 그때 몹시 얼떨떨했어요. 저는 아무 데나 망설이지 않고 돌아다니는 활발하고 행동적인 성격이었고, 좀 덤벙대긴 해도 아무런 탈 없이 잘 지낸 편이었는데, 이제는 그럴 수도 없게 되어 버린 겁니다."

3주일의 입원 기간이 지났다. 그러나 그 기간은 4주일에서 5주일로, 그리고 다시 6주일로 연장되었다. 부인은 이제 완전히 기운을 잃었고, 아무런 희망도 기대할 수 없는 상태가 되어 버렸다. 공포가 그녀를 사로잡아 온 몸에서 기운을 빼앗아 가 버렸다.

그러던 어느 날 아침, 그녀는 아주 산뜻한 기분으로 눈을 떴다. 그녀는 자신의 마음이 이제 평온해졌다는 것을 느꼈고, 이때 어디선가 희망을 속삭이는 소리가 들려 오는 것만 같았다.

"5년은 결코 짧은 세월이 아니야. 아주 긴 시간이야."

그녀는 그렇게 속삭였다. 그녀는 그 5년 동안 사랑하는 가족들을 위해서 많은 일을 해 줄 수가 있다고 생각했다. 또한 자신이 항상 굳은 신념을 갖고 굳은 의지로 투병하는 한편, 의사가 치료를 잘 해 주기만 한다면 자신의 몸의 상태를 훨씬 좋게 만들 수 있을지도 모른다고 생각했다.

"나는 병에 대해 아무런 저항도 하지 않고 항복해 버린다는 것은 마음에 들지 않았습니다. 그래서 '최대한 하는 데까지 계속 해보자'고 굳게 마음속으로 결심했습니다. 그렇게 작정하자 더 이상 가만히 있을 수가 없었습니다. 무엇이든지 하고 싶어서 못 견디게 되었죠. 그러자 공포라든가 무력감 같은 것은 내 몸에서 깨끗이 사라져 버렸습니다. 나는 침대에서 어렵게 기어 내려와 그때부터 새로운 나 자신의 생활의 첫 걸음을 내디뎠습니다."

이때 그녀는 두 마디의 말을 자신의 생활 신조로 삼았다. 그리고 매일 되풀이해서 자신에게 이렇게 다짐했다.

"어떤 일이 있어도 전진하자! 계속 전진하자!"

그 날 아침부터 5년 반이 지났다. 그녀는 최근에 X선 검사를 받았는데, 앞으로 5년 동안은 척추에 전혀 문제가 없을 것이라는 진단을 받았다.

"의사 선생님들은 나에게 충고를 아끼지 않았어요. 매일 유쾌하게 살아야 한다는 것을 내가 반드시 명심해야 하고, 쉬지 말고 계속 움직이라고 말입니다. 그것은 내 신념과도 일치하는 조언이었습니다. 그래서 나는 내 힘으로 움직일 수 있는 동안에는 그 신념을 반드시 실천에 옮길 것입니다."

헤드레 부인은 굳은 신념을 가지고, 그 신념에 따라 행동함으로써 인간적으로 매우 성숙할 수 있다는 본보기를 우리에게 보여 주고 있다.

어떤 일에 대해 신념을 갖고 있다는 것은 매우 중요한 일이다. 그러나 그것만으로는 인간적인 성숙을 꾀하기는 부족하다. 용기를 신념으로 삼고 있는 것이 겁쟁이보다는 낫겠지만, 그렇다 하더라도 막상 어떤 어려운 상황에 맞닥뜨렸을 때 달아나거나 다른 행동을 한다면 그까짓 신념이 무슨 가치가 있겠는가?

신념은 신념을 바탕으로 해서 그 위에 자신의 생활과 행동을 열심히 쌓아올리지 않으면 아무런 값어치도 없는 것이다. 그런데 때때로 우리는 자신의 신념에 위배되는 행동을 곧잘 하곤 한다.

가게에서 물건을 사고 셈을 치렀는데 점원에게 거스름돈 50센트를 더 받았을 때, 자신의 신념은 위기에 부닥친다. 그걸 평소 자기 신념대로 돈을 돌려주느냐, 아니면 '계산을 잘못한 사람 책임이니까…' 라고 생각하여 그냥 주머니에 넣느냐.

사람이 좌절하게 되는 것은 그 사람의 신념이 그릇된 것이기 때문이 아니다. 그것은 좋든 나쁘든 그 신념을 자신이 강력하게 관철

하는 끈기가 없었기 때문이고, 그리고 그 신념에 따라 행동하지 않았기 때문에 곧장 좌절하는 것이다.

행동하기 전에 먼저 추구하는 일을 철저히 분석하라

세상에는 어떤 일을 충동적으로 처리하려는 사람들이 있다. 그리고 사람마다 충동적으로 해결하는 일이 있게 마련이다.

항상 굳은 신념을 가지고, 그 신념에 따라 행동하는 것은 인간적으로 성숙한 사람이 아니면 실행하기 매우 어려운 일이다. 그러나 자기 신념에 맞다고 해서 매우 무조건 행동하는 것은 무모한 짓이 황과 요소를 신중하게 파악하고 그에 대한 적절한 판단을 내린 다음 행동해야 한다.

'뛰기 전에 살펴보라', '돌다리도 반드시 두드리고 건너라' 등의 격언은, 우리에게 어떤 일을 앞두고 망설이라거나 주저하라고 권하는 것은 아니다. 주어진 상황을 잘 파악하지도 못하면서 급히 서둘러서 행동하는 것을 경계하는 말이다.

뉴멕시코 주의 알바캘크스에 사는 카우스 부인의 사례를 들어보자.

카우스 부인의 친정 어머니는 브루클린에 살고 있었다. 어머니는 몇 해 전부터 늙고 병든 몸으로 집에 혼자 살고 있었지만, 카우스 부인은 일주일에 한 번밖에 어머니에게 문병을 못 가는 형편이었다.

이때 어머니는 큰아버지의 경제적인 도움을 받고 있었는데, 어느 날 큰아버지에게서 부인에게로 연락이 왔다. 어머니에게 들어가는 비용을 좀 줄여 볼 수 없겠느냐는 것이었다. 예를 들면 간병인의 인건비를 깎든가, 아니면 집의 유지비를 줄이든가 하자는 것이었다.

"제가 잘 생각해 보고 나중에 전화를 드리겠습니다."

카우스 부인은 어머니에게 많은 도움을 주신 큰아버지에게 진심으로 항상 고마움을 느끼고 있었으므로, 큰아버지의 부담을 덜어 드리고 싶었다. 그러나 카우스 부인은 큰아버지가 자신에게 제시한 방법이 자신의 마음에 들지 않았는데 그 방법은 적절한 해결 방법이 아니었다.

카우스 부인은 큰 종이에 어머니의 수입과 지출을 항목별로 모두 자세히 써 보았다.

"어머니에게는 신탁한 곳에서 정기적으로 나오는 돈이 있었고, 큰아버지의 지원금이 있었죠. 그래서 모두 일일이 쓰고, 지출되는 돈도 썼습니다. 그랬더니 내 생각보다 엄청난 비용이 어머니의 집을 유지하는 데 들어가고 있었습니다."

어머니가 사는 집은 방이 11개나 있어서 난방용 석탄이 1년에 22톤이 들어갔고 석유 값은 매달 20~30달러나 들었으며 집안 정리와 청소를 위해 고용한 사람의 인건비, 그 밖에도 보험료와 세금을 내야 했다. 그러한 비용은 그 집에 사는 한 어떻게 줄일 방법이 없는 것이었다. 따라서 부인은 집의 유지비용이 훨씬 적게 드는 조그만 집을 마련하여 옮겨야 한다는 결론을 내렸다.

그러나 문제는 어머니의 병세였다. 중병을 앓고 있는 어머니를 그렇게 움직이게 해도 괜찮은 건지 카우스 부인은 도무지 자신이 없었다. 또한 자신이 어머니를 설득시킬 수 있을지도 자신이 없었다. 어머니는 카우스 부인을 비롯해서 항상 누구에게나 "난 이 집에서 죽을 거야"라고 입버릇처럼 말해 왔던 것이다.

"저는 무척 망설였습니다. 하지만 사태는 매우 분명했어요. 아무튼 큰아버지의 부담을 덜어 드려야 했고, 그렇게 하자면 어머니가 그 집을 포기하는 수밖에는 없었으니까요."

카우스 부인은 이때 의사에게 어머니의 진찰을 의뢰하면서, 이사를 하면 안 될 정도로 몸의 상태가 위중한지 판단해 달라고 부탁했다. 아무래도 자신은 딸이기에 인정에 끌려 옳은 판단을 못 내릴 것 같았기 때문이었다. 진찰 후 그 의사는 괜찮다는 의견을 말하였고 부인의 집에서 걸어서 3분 정도밖에 걸리지 않는 곳에 있는 요양원을 그녀에게 소개해 주었다.

카우스 부인은 요양원에 찾아가서 주인을 만나 보았다. 요양원의 주인은 50대의 아주머니였는데 매우 교양이 있고 아주 친절한 부인이었다. 다행히도 자신의 사정 얘기를 듣고 그녀는 카우스 부인이 계획한 예산 범위 안의 비용으로 어머니를 친절하게 돌봐 주겠다고 말했다. 그래서 카우스 부인은 어머니를 그 요양원으로 옮겼다.

모든 일이 다 잘 되었다. 이때 어머니는 자신이 요양원으로 옮겨진 것을 모른 채 옛 집에 그냥 있는 줄로만 알고 있었다.

"나는 그때까지 어머니에게 일주일에 한 번밖에 문병을 못 갔는데, 이제는 매일 찾아가서 어머니를 뵐 수가 있었습니다. 어머니는 옛날보다도 더 여러 가지 친절한 보살핌을 잘 받고 계셨고, 큰아버지가 말씀한 비용의 문제도 잘 해결되었죠. 그때부터 나는 무슨 문제가 생기면, 종이를 꺼내 놓고 일단 문제가 되는 것을 써 보는 버릇이 생겼습니다. 자신에게 주어진 상황을 일목요연하게 파악할 수 있도록 죽 나열해 놓으면, 대개 문제는 스스로 해결된다는 것을 그 경험을 통해 비로소 깨달았습니다. 그 후로도 나는 그러한 방법으로 몇 번 재미를 봤습니다."

카우스 부인의 이러한 사례는, 어떤 일을 하기 전에 먼저 주어진 상황을 분석하는 것이 반드시 필요하다는 사실을 잘 증명해 주고 있다. 카우스 부인이 만약 사실들을 정밀하게 검토하지 않고 행동했다면 어떻게 되었을까? 아마도 재정 상태의 개선에 아무런 도움도 못 받은 채 어머니의 편안함마저 방해하게 되었을지도 모른다.

자신에게 주어진 사실을 종이에 쓰고 판단하는 방법은 특히 돈 문제가 생겼을 때 큰 도움이 된다. 그러면 해답이 저절로 나타나는 것이다.

그런데 우리들 주위에서 카우스 부인처럼 할 수 있는 사람이 얼마나 될까? 자신의 문제를 진지하게 잘 관찰할 수 있는 사람은 의외로 굉장히 적다. 대부분의 사람들은 밤잠을 못 이루면서 걱정을 해보지만, 그것은 결단의 시간을 뒤로 미루는 결과를 초래할 뿐이고, 자신을 근심의 늪에서 허우적거리게 만들뿐인 것이다.

따라서 어떤 상황의 겉모습만 보는 버릇을 과감하게 버려라. 그리고 자신에게 당면한 문제에 관한 사실을 모두 수집하여, 현재 자신이 놓인 입장을 확실히 알게 될 때까지 그 사실들을 잘 검토하지 않으면 안 된다.

나는 어느 날 콜롬비아 대학교의 하버드 E. 헉스 총장을 인터뷰한 적이 있었다. 그런데 그와 인터뷰 도중에 그의 이상한 사실을 발견했다. 그의 책상 위에는 서류철이라든가 잡다한 것들이 하나도 없었고 매우 말끔하게 치워져 있었다. 그래서 나는 의심이 들어 그에게 물었다.

"총장님, 저와 인터뷰를 위해서 이렇게 책상을 깨끗하게 치워 놓으신 겁니까, 아니면 항상 이런 겁니까?"

"예, 항상 그렇습니다."

"그렇죠."

"그러면 여러 가지 결정을 내리셔야 할 일도 무척 많을 텐데, 제가 보기에 총장님은 별로 바쁘신 것 같지도 않으시고, 걱정도 없으신 분 같습니다. 혹시 제가 잘못 봤나요?"

"웬걸요. 저는 매우 바쁘기도 하지만, 정말 골치 아픈 일들이 한

두 가지가 아닙니다.”

“총장님, 그런데 제 눈에는 한가하신 분처럼 보이니, 웬일이죠?”

“선생께서 그렇게 보셨다면, 그건 제 업무처리 스타일 때문일 겁니다. 저는 어떤 일이 생기면 우선 결단을 내려야 하는 그 날까지 가능한 한 그 일에 관한 온갖 사실을 모으기 위해 온 힘을 기울입니다. 이를테면 혼자서 하는 ‘진상조사위원회’ 같은 것이 구성된 셈이지요. 그러면서 나는 단 한 시간이라도 그것을 어떻게 결정할 것인지에 대해서 결코 생각하지 않습니다. 그것은 자칫하면 진실이 왜곡된 채 내가 선입견을 가질 수가 있기 때문이죠. 저는 다만 그동안 그 문제에 대한 모든 사실을 관찰할 뿐입니다. 그러고 있으면 여러 사실들이 쌓인 밑바닥에서, 내가 어떻게 결정하라는 해답이 저절로 곧잘 떠오릅니다. 어떻습니까? 간단한 일이지요?”

정말로 그렇다. 그런데 그렇게 분명한 일이 다른 상식들과 마찬가지로 대부분 잊혀지고 있는 것이다.

우리는 세상을 감정이나 편견 또는 충동적인 상태에서 사실을 결코 분석해서는 안 된다. 더구나 그것을 밑바탕으로 하여 어떤 행동을 한다는 것은 성숙하지 않다는 증거인 것이다. 그것은 마치 어린 애들 같은 욕망의 추구 방법이다. 어린 애들은 무엇이든지 간에 ‘지금 곧’이 아니면 마음이 매우 편치 않은 것이다. 그래서 어린이들은 저쪽에서 무섭게 달려오는 자동차를 보지도 않고 길을 건너가려고 한다든가, 땀이 줄줄 흐르는 무더위 속에서도 해변에서 뛰어놀다가 마침내 일사병에 걸린다든가 하는 등 주위의 사실을 전혀 무시하는 충동적인 행동을 곧잘 한다.

어느 날 남편을 의심하고 있던 부인이 나를 찾아온 적이 있었다. 그녀는 의심나는 점을 남편에게 물어볼까, 아니면 아무 말 없이 애들을 데리고 친정으로 가 버릴까 하는, 두 가지 방법을 놓고 쉽게 결정을 내릴 수가 없어 깊은 고민에 빠져 있었다.

그래서 나는 그 부인에게 물었다.

"남편의 어떤 점이 의심스러우십니까?"

"요즘 남편 태도가 매우 이상해요. 남편은 원래 선이 굵고 낙천적인 성격이었는데, 요즘엔 저에게 신경질을 자주 부리는 거예요. 갑자기 심술이 생겼는지 매사를 비평하는 눈으로 저를 바라봅니다. 그리고 집에 돌아오는 시간이 늦고, 휴일이면 몹시 피곤해합니다. 그는 일 때문이라고는 핑계대는데… 제가 느끼기로는 뭔가 이상해요. 전에는 절대로 안 그랬는데, 요즘은 휴일에 제가 외출하자고 하면 몹시 피곤하다면서 싫다고 그래요. 그런 세세한 것까지 선생님께 다 말씀드릴 수는 없지만, 그는 결혼기념일까지 잊어버렸어요. 남편은 전하고는 엄청나게 달라졌어요. 모든 게 옛날 그이 같지 않아요!"

부인의 얘기를 듣고 보니 그럴 듯했다. 그러나 나는 이때 부인에게 너무 서둘러 단정짓지 말라고 충고했다. 그리고 그녀가 우선 해야 할 일 두 가지를 일러 주었다. 병원의 의사에게 연락해서 남편이 건강 진단을 받도록 할 것과, 직장에서 무슨 안 좋은 일이 있었는가 알아보라고 부탁했다.

며칠 후, 그녀에게서 연락이 왔다. 그녀의 첫 번째 체크에서 반응이 있었다는 것이었다. 이때 그녀의 남편은 어떤 중병이 들었던 것이다.

마침내 그는 수술을 받았고 원래의 쾌활한 성격을 되찾아서 부인의 의심의 원인은 깨끗이 사라졌다.

이런 일을 그 부인은 어떻게 처리하려 했던가? 결혼 생활과 온 가족의 장래를 걸면서까지 어떤 결정적인 조처를 취하려 하지 않았는가? 남편에게 누명을 씌우고 말이다.

세상을 살아가면서 결코 충동적으로 무슨 일을 결정하지 마라. 자칫하면 큰일난다. 주어진 상황을 객관적으로 예리하게 판단하고, 이때 명확한 결정을 내리고, 행동하는 습관은 성숙한 인간이 반드시 지녀야 할 덕목인 것이다.

인생을 바꾼 한 마디의 명언

육군에서 제대를 한 G. W. 코스텔러는 어느 수력발전소의 기계공으로 취직되었다. 게으름을 피우지 않고 항상 즐겁게 묵묵히 일해 온 그는 1년 반 뒤, 중형 트랙터계의 계장으로 승진하였다. 그 순간부터 그의 근심은 시작되었다.

"그때까지 저는 기계공으로서 언제나 회사에서 유쾌하게 일할 수가 있었는데 계장이 되자 항상 책임감에 짓눌려 미칠 것 같았습니다. 직장에 있을 때나 집에 돌아와 있을 때나 근심이 언제나 달라붙어 떨어질 줄 몰랐습니다. 그리고 마침내 사건이 일어나고 말았습니다."

어느 날 그가 작업장을 향해 가는데, 문득 이상한 느낌을 받았다. 그도 그럴 것이, 4대의 트랙터가 매우 바삐 움직이면서 토해 내는 소음이 매우 요란할 텐데 이때 작업장 쪽에서 아무런 소음이 들려오지 않았던 것이다.

"가 보았더니, 네 대가 모두 고장이 나 있었습니다. 걱정을 해오긴 했지만, 그렇게 사고가 크게 날 줄은 미처 몰랐습니다. 그 '멋진' 소식을 감독에게 알리러 가는데, 이때 내 머릿속은 온통 부글부글 거품이 끓는 듯했습니다."

그는 감독에게 그 소식을 알리고는 당장 호통이 떨어질 것이라고 예상하며 그의 반응을 기다렸다. 그러나 호통 대신 감독은 그를 향해 방긋이 웃으며 오직 딱 한 마디 했을 뿐이었다.

"고쳐!"

그뿐이었다. 이때 엄청난 그의 호통을 예상했던 그는 어안이 벙벙했다.

"아마 내가 천 년을 살더라도 그 한 마디는 결코 잊을 수 없을 겁니다. 그 말은 내 인생에 크나큰 전기를 마련해 주었습니다. 그때부터 나는 온갖 열성을 다해서 열심히 일했습니다. 또 그야말로 긴급한 상황이 발생하더라도 쓸데없는 근심에 휘말리지 않을 수 있었습니다. 그럴 때 침착하게 상황의 해결에 전념을 할 수 있을 만큼 배짱이 매우 두둑해져 매일 유쾌하게 일하게 되었습니다. 모두 감독님의 말씀 덕분이지요.”

행동이 꼭 필요할 때 과감하게 행동한다는 것은 상식이다. 그러나 사람들은 그 상식대로 행동하지 못하는 수가 많다. 발전소 감독은 코스텔러에게 그 사실을 일깨워 주었을 뿐이다.

어떤 일에 대해 결단을 내리고 그 결단을 실행에 옮기는 것은 성인이 되는 자격 요건이랄 수 있다. 어떤 문제를 모든 각도에서 잘 살펴보고 검토하는 일도 중요하지만 그 문제를 해결하기 위해서 행동하지 않으면 안 되는 때가 있다.

그럴 때 책임이 몹시 두려워서 행동에 못 옮기는 사람이 적지 않다. 사람들은 잘못되었을 경우에 받게 될 비난에 대한 두려움이 성공할 것이라는 희망보다 강하게 마음속에서 작용하여 될 수 있는 한 자신의 책임을 회피하려고 한다. 그래서 결단이 필요한 때에 부닥치면 곧장 근심과 혼란과 의혹의 안개 속으로 도망쳐 버린다.

그럴 때, 한번 곰곰이 생각해 보아라. 그런다고 문제가 곧장 해결되는가? 절대로 그렇지 않다. 문제는 그대로 고스란히 남든가, 아니면 더욱 악화되기 마련이고 더구나 결단을 내리지 않고 자꾸 지

연시키는 데서 오는 온갖 근심과 긴장은 그 사람의 정신뿐만 아니라 육체적으로도 망친다.

어떤 공포도 마찬가지지만, 두려움은 그 일에 과감히 뛰어들어 행동을 함으로써 모두 극복할 수 있다. 우리는 그 사실을 빨리 깨닫고 행동하는 사람이 되도록 노력해야 한다.

시어도어 G. 스타인컴프는 그런 사람이다. 그의 아버지는 적극적인 행동의 가치를 잘 알고 있었고, 그것을 자기 아들에게 가르쳐 주었던 것이다.

시어도어 스타인컴프는 12세 때 동네 골목대장에게 몹시 시달림을 받았다. 시어도어는 어떻게 하면 그에게 시달림을 당하지 않을 수 있을까 매일 골똘히 궁리했다. 그래서 그는 되도록 집 안에 틀어박혀 있기로 결정했다.

어느 날 시어도어는 마당의 풀을 뽑은 대가로 아버지에게서 용돈을 받았다. 아버지는 아들에게 영화를 보러 가서 아이스크림이라도 사 먹으라고 했다. 이때 아들은 돈은 받았지만 영화는 보러 가지 않겠다고 말했다. 전 같으면 기뻐서 날 뛰었겠지만, 그는 골목대장을 만나는 게 매우 무서웠던 것이다. 이때 아버지는 아들에게 "어디 몸이라도 불편하느냐?"고 물었고, 아들은 그저 얼버무리고 넘어갔다.

그런데 다음날 저녁이었다. 그는 심심해서 구슬치기나 하려고 집 뒷길로 나섰다. 물론 친구도 하나 없이 혼자였다. 그가 막 놀이를 시작하려는데 마침 골목 끝에 그 '원수'가 모습을 나타내는 것이었다. 소년에게 그 모습은 권투 챔피언인 책 템프시와 거인 골리앗을 합쳐 놓은 것만큼이나 몹시 무시무시해 보였다. 소년은 화들짝 놀라서 집으로 곧장 도망쳤다. 숨을 헐떡이며 차고로 뛰어들어갔는데, 거기에 아버지가 있었다.

"왜 그러니? 도대체 무슨 일이기에 너는 헐레벌떡 뛰어다니는 거야?"

"숨바꼭질하는 중이에요. 제가 숨을 차례거든요."

아버지에게 그렇게 변명을 하는 중인데 뒷길 쪽에서 그 '원수'의 소리가 벼락같이 들려 왔다.

"야, 나와! 시시한 자식아!"

아버지는 그 녀석의 고함 소리를 듣고는 순간에 아들의 전후 사정을 알아차렸다. 아들의 겁먹은 얼굴이 모든 것을 설명해 주고 있었던 것이다.

아버지는 잠시 아들을 바라보다가 어딘가로 가서 두꺼운 가죽띠를 가지고 돌아와서 아들에게 이렇게 말했다.

"저기 저 녀석과 맞서기 위해 나갈 테냐, 아니면 여기에서 이것을 맞을 테냐? 자, 선택은 오직 네 자유다. 빨리 어느 쪽이든 너 좋을 대로 해라."

이때 아들은 망설였다. 머릿속으로 무서운 '원수'의 모습이 어른거려 몸을 부르르 떨었다. 그 순간, 엉덩이로 가죽띠가 날카로운 소리를 내며 날아들었다. 이때 소년은 펄쩍 뛰었다. 어떤 싸움에서 얻어맞은 것보다도 훨씬 고통스러웠던 것이다.

소년은 총알처럼 차고에서 뛰쳐나왔다. 그리고 골목대장에게 달려들어 오른쪽 턱에 온 힘을 다해 주먹을 날렸다. 녀석은 소년이 겁을 먹고 안 나오는 줄 알고 의기양양해서 돌아가려던 중이었으므로 그의 불의의 일격에 나가떨어지고 말았다.

소년은 그 용기를 얻어 넘어진 녀석에게 곧장 달려들었다. 두 사람은 엎치락 뒤치락 땅바닥에 나뒹굴었다. 그들은 결국 싸우는 소리를 듣고 달려온 이웃 사람들에 의해 떨어질 수밖에 없었지만, 이때 승패는 전혀 중요하지 않았다. 소년이 매우 끔찍하게 무서워하던 원수에게 과감히 덤벼들었다는 것, 그래서 '용기'를 얻을 수 있었다는 것, 그리고 자존심을 회복했다는 그 경험은 엄청난 가치가 있는 것이었다.

"그 일은 나의 소년 시절에서 가장 즐거웠던 기억으로 아직도 마음속에 남아 있습니다. 그리고 나는 그걸 바탕으로 결코 잊을 수 없는 진리를 배웠습니다. 나는 현실에서 결코 도피하지 않고 남자답게 당당하게 맞서는 것을 배운 거지요. 그것을 나는 가죽띠와 아버지한테 비로소 배운 것입니다."

어떤 결단을 내리고, 또 행동하는 능력은 험한 세상을 헤치고 나가는 데 우리에게 반드시 필요한 것이며 그런 능력은 자기 방어의 결정적인 무기이기도 하다. 사람들은 인생은 큰 변화 없이 흘러가는 것이지만 언제 어떤 비상 사태가 자신에게 닥쳐올지는 그 누구도 예측할 수 없기 때문이다. 그럴 때, 수많은 자신의 가능성을 재빨리 비교 검토한 다음, 올바르게 선택하여 곧장 행동하는 습관은 자신과 우리들에게 의존하는 사람들의 삶과 죽음을 갈라 놓는 것이 될지도 모르는 것이다.

어떤 특별한 상황은 깊은 사고나 폭넓은 분석 이상의 것을 요구할 경우가 있다. 그럴 때는 직접적이고 과감한 행동 외에는 아무것도 절대 소용이 없는 것이다.

그런 의미에서 다음의 말을 음미해 보라.

'생각할 때가 있고 과감하게 행동할 때가 있다.'

행동할 때가 오면 절대로 망설이지 마라. 그리고 주춤거리지 말고, 이것저것 핑계를 대지 마라. 허리띠를 단단히 졸라매고 곧장 전진해야 하는 것이다.

인간은 실패를 두려워하면 결코 유쾌하게 살 수가 없다

PART 02

유쾌하고 쾌적한
내 생활의 창조

즐거움을 맛보는 방법

곰곰이 생각해 보라. 하나님은 당신이 즐거움을 느낄 수 있도록 창조하셨다. 당신은 유쾌하게 노래를 하며 살고, 아름다운 생각을 하며, 마치 하늘을 찌를 듯한 기쁨과 환희를 마음껏 느낄 수 있다.

일상 생활을 매우 유쾌하게 하려면

어느 남자가 책상에 앉아서 전화를 받고 있다. 그는 큰 회사의 중역으로서 이때 매우 중요한 계약을 위해 지금 상대방과 통화 중이다.

그의 책상 위는 메모지·편지·계약서를 비롯한 온갖 서류들로 꽉 차 있다. 그리고 건너편 소파에는 손님 두 사람이 앉아 담배를 피우면서 그를 기다리고 있다.

그는 얼마 동안 통화를 마치고 비망록을 뒤져 그 날의 자신의 중요한 일정을 다시 한 번 꼼꼼하게 점검해 본다. 점심은 사장과 같이 하기로 되어 있고, 그 이후에도 저녁 파티까지 일정이 매우 빡빡하다. 또 방금 통화한 사람과도 만나야 하는데, 그러한 시간을 내자면 여러 가지 궁리를 해야 할 것 같다. 그리고 B와 C에게 편지를 쓰지 않으면 안 된다. 그리고…….

그는 눈코 뜰 새 없이 몹시 바쁘다. 우리는 그렇게 많은 일을 처리하기 위해 그가 굉장히 시달릴 것이라고 생각한다.

그러나 그는 그렇지 않다. 그는 그 많은 일을 매우 즐겁게 처리하고 있다. 그는 일하면서 결코 짜증을 낸다든지 투덜대지 않는다. 오직 그 날의 일을 성공시키기 위하여 자신의 역량을 최선을 다할 뿐이다.

그는 찾아오는 손님들을 정중하게 대접하고, 그들과 주의 깊게 말을 하며, 최선을 다해 그들의 요구에 정성껏 부응하려고 무척 애쓴다. 그는 상대방으로부터 전화가 오면 통화를 나누며 상황 판단을 재빨리 해서 어떤 결론을 내린 다음, 또다시 손님과 마주한다. 그는 지금 상대와 의논하고 있는 문제를 자기가 어떻게 처리하려고 하는지를 손님에게 알려 주고 그들끼리 그 문제에 대해 상의할 시간을 주기 위해 곧장 자리를 뜬다. 자리에 돌아와 비서에게 인터폰으로 몇 가지 지시를 하고 두세 가지 서류를 검토한 다음, 다시 손님에게 돌아온다. 그리고 그가 제시한 제안을 그들이 어떻게 받아들였는지 알아본다. 그들의 결정을 듣고 어떤 결론이 내려지면 그들을 문 앞까지 정중하게 배웅한다. 그들과 악수를 나누고 헤어진다.

그런 과정에 어떤 속임수라든가 무슨 불쾌한 감정이라든가 하는 것은 전혀 없다. 오직 빠르고 효과적으로 목표에 접근해 가는 단순한 기쁨만 있을 뿐이다. 그리고 그는 자기의 생각을 적극적인 방법으로 행동에 옮기는 계획을 세울 뿐이다. 그는 자신에게 행복과 성공을 맛볼 수 있는 권리가 있다는 것을 잘 알고 있다.

그렇지만 그와는 달리 대부분의 사람들은 일을 하면서 짜증을 많이 낸다. 이것은 비극이다.

일하면서 짜증을 내고 투덜대고 일을 회피하려고 하는, 매우 불건전하고 억압된 생각으로 가득 차 있다. 그래서 일하는 즐거움 같은 건 그 어느 것도 없다.

그들은 결코 일을 즐거워하지 않는다. 그리고 노는 것도 즐기지 않는다.

그러나 곰곰이 생각해 보라. 하나님은 당신이 즐거움을 느낄 수 있도록 창조하셨다. 당신은 유쾌하게 노래를 하며 살고, 아름다운 생각을 하며, 마치 하늘을 찌를 듯한 기쁨과 환희를 마음껏 느낄 수 있다.

당신은 자신이 그런 만족을 얻는 것을 방해해서는 안 된다. 행복의 원칙을 자신이 부정하면 당신의 삶은 결코 유쾌한 것이 되지 못하기 때문이다.

당신에게 주어진 오늘을 유쾌하게 생활하자. 오늘 살아 있다는 것은 참으로 즐거운 일이다.

우리의 일상 생활은 반드시 하나님 안에서 이루어지는 행복한 것이어야 한다. 즐거움은 심장이나 눈·손·발처럼 우리의 일부가 되지 않으면 안 된다. 그것은 인종이나 사상·피부 색깔·지위·연령 등과 전혀 관계가 없다. 일상 생활 가운데서 맛보는 진정한 즐거움은 하나님이 우리에게 주신 권리와도 같은 것인데, 우리들은 그것을 순순히 받아들이지 못하고 불행에 허덕이는 것은 하나님의 마음에 매우 어긋나는 짓이다.

당신이 과거에 저지른 잘못을 곧장 잊어버려라. 그렇게만 한다면 당신은 주어진 그 날을 그 누구보다도 충실히 살아갈 수가 있다.

만일 당신이 자신을 기쁘게 할 수 있는 권리가 있다고 생각한다면, 당신은 자신의 온갖 행동 속에서 생활 요소요소에서 반드시 즐거움을 찾을 수 있다. 나는 당신에게 특히 이 권리를 강조하고 싶다. 왜냐하면 이 세상의 많은 사람들이 이 간단한 권리를 자기 자신에게 주지 않기 때문이다.

나는 '원죄' 의 신봉자는 아니지만 만약에 인간에게 그런 것이 있다면, 그것은 자기 자신을 몹시 학대하는 사람들의 잘못을 가리키는 말이라고 생각한다.

세상 사람들은 풍족한 삶을 영위하기 위해 모두 필사적으로 노력한다. 사회에 나가 열심히 돈을 벌고, 명예 획득에 온 힘을 기울이면서, 끊임없이 자신의 생활을 쌓아올려 간다. 그들은 대개 자기 자신을 몹시 학대하면서, 그리고 자기 자신이 즐길 수 있는 조그마한 권리도 인정하지 않는다. 이것은 매우 슬픈 일이지만, 이 세상에는 불행하게도 그런 사람이 많은 것이 사실이다. 그것은 곧 자기 자신에 대한 '범죄'인 것이다.

유쾌한 생활은 곧 정신적으로 행복해지려는 것이기 때문에 그러기 위해서 당신은 반드시 자아상을 강화시켜야 한다. 그렇게 하면 당신은 항상 즐거움을 갖고 활기가 있는 일상 생활을 할 수 있을 것이다.

일상 생활을 바로보자

유쾌하게 생활하기 위해 당신은 반드시 자신의 행복을 찾아야 한다. 그러면 당신의 자아상은 당신이 그 쾌락감을 항상 유지할 수 있도록 강력하게 도움을 줄 것이다.

당신이 자신을 잘 파악하고 있으며, 자신에게 적절한 직업을 선택하고자 하는 굳은 의지가 있다면, 나는 당신에게 의사나 변호사나 세일즈맨이 되라고 조언하고 싶다. 또한 기후가 좋은 곳에 가고 싶다면, 나는 당신에게 플로리다나 캘리포니아를 추천해 줄 수도 있다. 그러나 그것이 반드시 당신의 행복을 위해서 중요한 일일까?

당신은 플로리다뿐만 아니라 캘리포니아·로마·파리·하와이 그리고 어디든지 자유롭게 갈 수가 있다. 그 사실 자체도 의미가 있을지 모르나 가장 근본적인 중요한 문제는 당신의 마음가짐이다.

당신이 어디에 있든지 간에 자신이 매우 행복하고 유쾌하게 생활하려는 마음이 가장 중요하다는 것이다.

플로리다와 하와이가 당신뿐만 아니라 방문자 모두에게 행복을 안겨 줄 것인가? 지금 당신의 머릿속에는 회사 일이 잔뜩 쌓여 있는데, 캘리포니아나 로마가 당신을 마구 유쾌하게 해 줄 것 같은가?

오직 중요한 것은 당신이 어디에 있든지 간에 당신 스스로가 유쾌한 생활을 보낼 수 있는 기본적인 자세가 되어 있는지, 그런 생활을 추구하고자 하는 의지가 확실한지가 문제인 것이다. 그런 것이 있다면 당신은 어디에 있든지, 그리고 비록 교도소에서 복역 중이라 하더라도 매우 즐겁고 유쾌한 생활을 보낼 수 있는 것이다.

나는 당신이 이 책을 읽은 뒤에 이런 생각을 잘 응용하기를 바란다. 내가 당신에게 도움이 될 수 있을 것이라고 흐뭇해하는 것이 나만의 만족일지도 모른다. 그러나 한 가지 분명한 것은, 이 책을 읽은 뒤 당신은 마치 소파나 의자같이 만질 수도 없고 볼 수도 없지만 우리가 숨 쉬는 공기처럼 반드시 변화할 것이라는 사실이다.

자신의 자아상을 더욱 강화시키고, 용기를 가지고 성공하고자 하는 굳은 의지를 실천에 옮긴다면 당신은 매우 유쾌한 생활을 창조할 수가 있다.

그러나 이 세상에는 자기 자신이 결코 행복해질 수 있다는 것을 믿지 않는 사람들이 많다. 그들은 자신이 행복해질 권리가 있다고 생각하지 않고, 과거를 계속 되뇌이며 오직 자신이 비참함을 한탄하는 데만 열을 내고 있다.

‘그때 돈만 있었더라면 그리고 만일 사고가 일어나지 않았다면… 그때 그 사람과 결혼을 했더라면…….’

그런 사람들은 과거에 있었던 자신의 실패를 언제나 머리에 이고, 고통의 늪 속에 빠져 허우적거린다. 그리고 그들은 이 세상에서 자기만큼 고통을 많이 받는 사람은 없다고 굳게 믿으며 살아간다.

인간이라면 아무리 행복한 사람이라 하더라도 누구든 몇 가지의 고통을 가지고 있으며, 그것으로 인해 몹시 허덕이고 있는 것이다. 그러나 성공한 사람들의 다른 점은, 오직 전진을 계속하는 것으로써 자신의 고통을 즐거움으로 바꾸고 있다는 장점이 있다.

실패를 성공으로 바꾸어라

내가 의과대학에 다니고 있을 때, 톰이라는 친구가 유행성 독감으로 입원을 했다. 요즈음 유행하는 독감보다 훨씬 심한 증세로 그는 거의 죽어 가고 있었다.

그런데 다행히 입원한 지 얼마 지나지 않아 약간 병세가 호전되어서 우리는 안도의 한숨을 쉬었다. 그러나 그의 상태가 약간의 차도가 있었다는 것이지 그의 병은 쉽게 완쾌되는 것은 아니었다.

어느 날 우리는 그를 위로하기 위해 문병을 갔다. 그런데 그는 이때 기가 막힐 정도로 몹시 쇠약해 있었다. 전에는 건장한 체격에 정력적인 활동성을 자랑하던 그가 얼굴은 몹시 창백한데다 양쪽 볼이 매우 홀쭉해졌고, 두 눈은 움푹 들어갔으며, 전혀 생기가 없었다.

우리는 일부러 그와 명랑하게 유머를 주고받으며 그의 마음을 위로하려고 애썼지만, 그는 결코 유쾌한 기분이 아니었다.

우리가 교대로 그를 문병하던 어느 날, 병실의 문이 닫혀 있었고 거기에는 '면회 사절'이라는 팻말이 걸려 있었다. 이때 우리는 무슨 일인가 하고 깜짝 놀랐다. 그러나 사정을 자세히 알아보니, 우리가 상상했던 것처럼 그의 생명이 위험에 빠진 것은 아니었다. 환자의 요청에 의해 팻말이 걸린 것뿐이었다.

톰에게 친구나 가족들의 문병이 조금도 위로가 되지 못했다. 그는 문병을 마치고 사람들이 병실을 떠나면 오히려 더욱 우울해지곤 했다. 그는 우리들과 결코 아무것도 하고 싶지 않았던 것이다.

"나는 그때 내가 이 세상에서 홀로 떨어져 살고 있었어. 어떤 사람과 만나기도 싫었고, 이 세상의 그 어떤 것도 아무런 가치가 없다고 몹시 경멸했지."

자기 마음속에 스스로 감옥을 만든 그에게는 즐거움이 전혀 없었다. 그는 육체적으로 몹시 쇠약해지자 정신적으로도 허약해져, 자신의 세계를 모두 포기하고 더불어 단 하나뿐인 자신의 생명까지 완강하게 거부하게 되었던 것이다.

그는 이 세상 모든 것에 대해 온통 적의를 느끼면서 누구에게나 함부로 신경질을 내고 욕을 퍼붓는가 하면, 심지어 식사를 거부하는 자학까지 서슴지 않았다. 이때 그의 절망감은 스스로 자제하기에는 너무나 엄청난 것이었다. 아무런 즐거움이 없는 나날의 연속이었다.

그러던 어느 날, 그의 담당 간호사가 망설이면서 그에게 중요한 부탁이 있다고 내게 말했다.

이 병원의 환자 중에 한 소녀가 정신적으로 심한 고통을 당하고 있다. 그녀의 담당 의사는 그녀에게 그 소녀가 누구로부터 연애편지 같은 것을 받아 볼 수 있다면 병세가 크게 호전될 수 있을 것이라고 생각했다. 그래서 부탁인데, 당신이 그녀에게 그 '누군가' 가 돼 줄 마음이 없는가?

처음에 그는 당장 거절하려고 생각했다. 그런데 간호사의 망설이는 몸짓이 몹시 마음에 걸렸다. 그 태도는 마치 '너는 이런 일을 못할 걸?', '나는 네가 거절할 것이라는 걸 잘 알지만, 혹시나 해서 부탁해 보는 거야' 하는 몸짓으로 보였기 때문이었다. 그래서 그는 쾌히 승낙했다.

간호사는 정말 뜻밖이라는 듯 깜짝 놀라면서 톰의 용기와 따뜻한 마음씨를 몹시 극찬했다. 이때 톰은 결코 기분이 나쁘지 않았다.

톰은 그 소녀에게 편지를 써서 보냈다. 물론 간호사의 손을 통해서 전달했다. '당신을 병원 복도에서 잠깐 보았지만, 당신이 지금도 잊혀지지 않아 이렇게 편지를 쓰게 되었다' 는 내용이었다.

소녀의 반응이 곧장 간호사를 통해 톰에게 전달됐다. 소녀가 아무런 반응이 없다는 것이었다. 그러면서 간호사는 톰에게 '더욱 정성스럽고 재미있는 편지를 써야 할 것 같다' 고 주문했다.

톰은 슬그머니 약이 올랐다. 자신의 문장력이라면 소녀를 황홀하게 만들 수 있을 것이라고 자신했기 때문이었다. 그는 머리를 온갖 짜내어 두 번째 편지를 썼다. 그러자 소녀가 조금씩 관심을 보이기 시작했다고 간호사가 알려 주었다. 톰은 '그러면 그렇지!' 하고 속으로 매우 기뻐했다. 세 번째, 네 번째… 편지와 전갈이 그와 그녀 사이에 오가면서 그와 소녀는 '둘 다 병이 회복되면 함께 공원을 산책하자' 고 약속했다.

톰은 정말 즐겁게 편지를 썼다. 오랜 입원 생활에서 처음으로 느끼는 즐거움이었다. 그러자 그의 건강은 급격하게 호전되기 시작했다. 그는 그 뒤부터 수없이 많은 편지를 썼고, 날이 갈수록 편지는 길어져 갔다. 그는 이제 병실 안을 힘차게 걸어 다녔고, 곧 퇴원할 수 있을 것이라는 간호사의 말을 떠올리며 미소를 짓곤 했다. 자신이 퇴원하기만 하면, 간호사가 그 소녀를 만나게 해 주겠다고 굳게 약속했던 것이다.

연애편지를 쓸 때뿐만 아니라, 그 소녀를 생각하면 그의 얼굴에는 사랑의 빛이 항상 넘쳐흘렀다. 그러는 한편으로 톰은 소녀를 생각할 때마다 마음 한구석에 불안하고 매우 쓸쓸한 마음을 지울 수가 없었다. 그것은 그 소녀를 자신이 단 한 번도 본 적이 없기 때문이었다.

톰은 어느 날 소녀의 병실을 방문하고 싶다고 간호사에게 부탁했다. 그 간호사는 고개를 끄덕이면서 414호실이라고 가르쳐 주었다.

그는 두근거리는 가슴을 진정시키면서 414호실을 찾아 나섰다. 그러나 아무리 찾아보아도 그 병원에 그런 번호의 병실은 없었다. 그래도 그는 계속 소녀 환자를 수소문해 보았다. 그러나 그런 소녀는 없었다.

그때 간호사가 모든 것을 톰에게 고백을 했다. 그런 소녀 환자 자체가 거짓이었던 것이다. 담당 간호사는 톰에게 모든 것에 대한 미움의 감정을 품고 있는 것이 병이 회복되는데 장애물이 된다고 보았다. 그래서 그녀는 어떤 즐거움이 필요하다고 판단하고 그런 연극을 꾸몄던 것이다.

톰은 간호사의 말을 듣고는 몹시 실망했으나 이때 큰 깨달음을 얻었다. ‘미움’ 이란 매우 삭막하고 몹시 고통스럽고 불필요한 감정이며, 그리고 행복이란 남에게 베풀어야 얻어진다는 진리를 비로소 깨닫게 된 것이었다. 그는 곧장 유쾌한 자신으로 되돌아갔고 퇴원을 했다.

 ## 자신의 사고 방식을 고쳐라

그러면 진정한 즐거움으로 가는 길은 이 세상의 어디에 있

는가? 과연 그런 길이 있기는 있는 것인가?

오직 즐거움으로 가는 길은 자신의 적당한 목표를 세우고, 그 방향으로 두려움 없이 곧장 나아가는 사람들에게는 그 문이 언제나 활짝 열려 있는 길이다.

만일 당신이 톰처럼 이 세상에서 도피만 한다면, 마침내 즐거움으로 가는 길은 곧 막다른 골목이 될 것이다. 당신이 감정의 늪 속에 빠져 허우적거린다면, 막상 자신이 즐거움을 발견했다고 해도 그것을 꽉 움켜잡지 못할 것이다. 당신은 그 늪 속에서 빠져 나오려는 자신의 본능에 용기를 불어넣어야 한다.

아래에 열거하는 몇 가지 사고 방식들은 반드시 당신의 인생을 유쾌한 것으로 만드는 데 큰 도움이 될 것이다. 이런 것들이 당신 생각의 일부가 될 때까지, 반복하여 읽어 주기 바란다. 앉아서 곰곰이 생각하고, 그 후에는 오직 인생을 즐기는 일만이 남을 것이다.

당신의 자아상을 강화하라

당신이 자신의 자아상을 좋아하지 않으면 즐거움은 도저히 생길 수 없다. 그것은 마치 기초가 부실한 바탕 위에 큰 건물을 세울 수가 없는 것과 마찬가지 이유다.

만일 당신의 자아상이 불완전하다면 당신은 하는 일에서도, 여행에서도, 아무것에서도 즐거움을 찾을 수 없을 것이다. 따라서 당신은 옛날 자신의 성공의 기억을 되살려 천천히 음미해야 한다. 그리고 행복했던 그때를 마음속으로 음미함으로써 스스로 용기를 북돋아야 한다. 이때 당신은 자신에게 만족하는 것에 초점을 맞추면 안 된다. 즐거움이 몸 안에 항상 가득 차게 하려면 당신의 약점에도 현명하게 대처해야 한다.

이런 방법으로 당신의 자아상을 강화하는 것을 항상 중요한 습관으로 만들어라. 그렇게 하면 즐거움은 반드시 당신과 함께할 것이다.

자신의 숨겨진 재능을 캐내자

사람은 누구에게나 숨겨진 재능이 있다. 그것은 사람마다 타고난 성품과 재능과 남을 생각해 주는 마음이다.

그러나 세상 사람들은 대개 그것을 꽁꽁 숨겨 둔다. 왜 그럴까? 남의 비판을 겁내기 때문은 아닐까? 평소에 잘 드러내지 않던 자신의 성품이나 재능을 끄집어 냈는데, 그것이 매우 불완전한 것일까 봐 걱정하기 때문은 아닐까?

사람은 누구나 훌륭한 성품과 소질과 재능을 갖고 있다. 그런데 사람들은 대개 그것을 자신 있게 상대에게 드러내는 데 매우 서투르다. 왜냐하면 그것의 존재 자체를 잘 모르기가 쉽고 비록 안다고 해도 그것에 자신감을 갖고 있지 못하기 때문이다. 따라서 그것들은 당신의 마음속 깊은 곳에 파묻혀 점점 썩어 가고 있다.

개발되지 못한 자신의 자질은 땅 속에서 잠자고 있는 귀금속보다 더 가치 없는 것이다. 만일 당신이 그 자질을 곧장 캐내서 남들에게 보이지 않으면, 다른 사람들도 그것을 결코 인정하지 않는다. 그리고 가장 나쁜 것은 당신의 무관심이다.

"나한테 그런 재능이 있겠어?"

"나보다 나은 사람이 세상에 수두룩한 걸?"

그러면서 자신의 자질의 계발을 포기한다. 그렇게 되면 당신의 그 훌륭한 자질은 땅 속에서 썩어 버리고, 마침내 흙으로 변하고 말 것이다.

당신의 자질을 파내는 데 삽이나 불도저 같은 건 전혀 필요 없다. 그리고 토지소유권이나 용역계약서 같은 것도 필요 없다. 오직 필요한 것은 당신이 가족이나 주위의 친구, 그리고 자동차나 담배 파이프 따위에 갖는 만큼의 그 어떤 애착을 당신 자신이 가지기만 하면 되는 것이다.

항상 남에게 베풀어라

이 세상은 무한한 경쟁 사회다. 타임과의 경쟁에서 지면 곧장 '패배했다'로 평가되는 사회다. 그러나 타인과의 경쟁을 통해서 서로의 발전을 꾀할 수 있다면 좋은 일임이 틀림없다. 그러나 그보다는 사회 생활에서 타인을 깎아 내리는 것으로써 자신이 앞지르려는 현상만 보이는 것이 현실이다. 그런 과열된 경쟁으로 인해 개인간의 단절, 고독감 같은 것도 큰 문젯거리다. 그것은 오늘날 문명 사회의 커다란 비극이다.

그러나 사람들은 다른 사람의 사랑이나 이해를 간절히 바란다. 그들은 또한 다른 사람의 우정을 곧장 받아들일 준비가 언제든지 되어 있다. 당신이 남에게 사랑과 이해를 받고 싶다면, 먼저 당신이 남에게 우정을 곧장 베풀어라. 그러면 그 사람도 곧장 당신에게 우정으로 화답할 것이다.

그 사람은 반드시 처음에 당신에게 의심을 품을 것이다. 그러나 당신의 우정이 순수하고 진실한 것이라고 느끼면 의심은 곧 따뜻함으로 변할 것이다. 그러면 당신은 남에게 베푸는 것이 받는 자신이 길이라는 것을 알게 될 것이고, 그 깨달음은 반드시 당신을 크게 만족시켜 줄 것이다.

지금 하고 있는 일에 열중하라

우리는 하루하루 어떤 목표를 갖고 생활해야 한다. 그런데 목표를 정하는 것만으로는 결코 되지 않는다. 언제나 정신을 목표에 계속 집중하고 그 목표 달성에 전력투구해야 하는 것이다. 그렇게 하는 것만이 당신의 생활 속에서 진정한 기쁨을 얻을 수 있는 최선의 방법이다.

만약에 골프를 좋아한다면, 열심히 골프를 쳐라. 그러나 결코 심심풀이로 쳐서는 안 된다. 티샷을 하기 위해 자세를 바로잡거나 샷을 날릴 때는 결코 사무실 생각이나 돈 걱정 따위를 해서는 안 된다. 계속해서 샷 동작을 열심히 연습해 보고 공의 예상 착지점을 자세히 바라보며 그 지형을 숙지하고 잔디의 형편을 살피는, 큰 상금을 노리는 프로골퍼들처럼 티 위에 얹힌 공이나 샷 동작에 온 정신을 집중해야 한다.

그렇게 해야 하는 이유는, 골프에서 자신의 큰 즐거움을 얻기 위해서다. 그렇게 하면 골프도 더욱 잘 치게 되겠지만, 그것은 다음의 목적에 불과하다. 제일 큰 목적은 골프를 침으로써 자신의 즐거움을 얻자는 것이기 때문이다.

집에서 그림을 그린다든가 신문을 읽고, 밥을 먹는다든지 개에게 밥을 주는 일도 마찬가지다. 당신은 거기에 정신을 결코 집중하지 않으면 안 된다. 당신이 지금 하고 있는 일에 정신을 모두 집중하면 당신의 세계는 반드시 유쾌함으로 넘치게 된다.

자신의 나쁜 습관은 거울에 비쳐 보라

사람은 대부분 누구나 나쁜 습관을 가지고 있다. 그 습관은 여간 노력을 하지 않고는 고칠 수가 없다.

아주 사소한 일까지 걱정하는 습관, 걸핏하면 신경질을 내는 습관, 언제나 다른 사람들을 배려하지 않는 습관, 금전적으로 셈이 흐린 습관 등… 자신의 불쾌한 생각이나 행동인 것이 분명한데 깨끗이 떼어 버리기가 매우 어려운 것이다.

그것은 당신에게 마치 정말 두려운 적과 같은 것이다. 그런 나쁜 습관을 어떻게 하면 없앨 수 있을까? 우선 내 이야기를 들어 보기 바란다.

내가 병원에서 인턴 생활을 할 때였다. 수술하려면 의사들은 누구나 수술복을 입어야 한다. 그들은 수술실 옆에 있는 탈의실에서 옷을 갈아입는데, 벗은 옷은 항상 보관함에 넣어 놓았다.

그런데 옷을 보관함에 넣을 때면, 나는 언제나 돈을 지갑에서 모두 빼서 꼭꼭 만 다음 왼쪽 양말 속에 쑤셔 넣고 곧장 수술실로 향하였다. 이런 나쁜 습관은 인턴 시절, 너무나 경제적으로 쪼들렸기 때문에 몸에 배어 버린 것이었다. 그때는 단돈 1달러만 잃어버려도 큰 타격이었던 것이다. 그리고 그때 병원의 옷을 넣는 보관함은 자물쇠도 없었다.

이 나쁜 습관이 몸에 배서, 내 왼쪽 양말은 수술하는 동안만 지갑 노릇을 무려 30여 년간이나 맡아 왔다. 보관함에 튼튼한 자물쇠가 생긴 지 오래되었는데도 아무 생각 없이, 맨 처음에 버릇된 습관대로 그 행동을 되풀이하고 있었던 것이다. 나는 대개 이른 아침에 수술하기를 매우 좋아했고, 그때쯤은 탈의실은 언제나 매우 한산해서 그런 내 행동을 우습게 여기는 사람이 한 명도 없었기 때문이었다. 내가 30년 동안이나 그런 습관을 계속해 오다니… 정말이지, 나는 나쁜 습관은 날려 버리기가 너무나 어려운 것이었다.

몇 년 전이었다. 우연히 나와 함께 탈의실을 이용하던 의사가 내 모습을 목격하게 되었다. 그는 내 양말이 지갑이 되는 광경을 물끄러미 바라보았다. 이때 나는 수술복으로 갈아입다가 문득 그가 보고 있다는 것을 느꼈다. 그는 웃음을 참고 있는 모습이 역력했다.

이때 나는 몹시 부끄러워서 미칠 지경이었다. 그러고는 내 잘못된 습관을 깊이 반성하고, 너무나 오랫동안 내가 간직한 그 나쁜 습관을 없애려고 결심했다.

그러나 다음 수술 때도, 그리고 그 다음에도 내 돈은 돌돌 말려서 양말 속에 들어 있었다. 그래서 나는 양말 대신 돈을 수술복 안쪽에 핀으로 꿰어 놓는 방법을 처음으로 시도해 보았다. 하지만 그 방법도 별로 효과가 없었다. 내가 수술실에 들어와 보면 양말 속에 끼워져 있는 돈을 발견하곤 했던 것이다.

나는 그 밖에도 몇 가지 방법을 시도해 보았다. 그러나 아무 쓸모가 없었다. 매일같이 내가 수술할 때마다 돈은 언제나 나의 왼쪽 양말에 들어가 있었던 것이다. 나는 내 자신에게 몹시 실망했다. 하지만 나쁜 습관을 없애 버리려는 일은 결코 포기하지 않았다.

나는 마침내 좋은 방법을 생각해 냈다. 나는 거울을 하나 사서 보관함 문짝 안쪽에 걸어 놓았다. 그러면 내가 옷을 벗고, 돈을 왼쪽 양말에 찔러 넣은 다음, 수술복을 입는 광경이 거울을 통해 모두 자세히 볼 수 있었기 때문이다.

거울에 비친 나는 이상한 짓을 하고 있었다. 나는 나의 모습을 바라보면서 쓴웃음을 지었다. 얼마나 바보 같은 모습인가. 얼마나 나쁜 습관인가. 동료 의사가 웃음을 참으려고 애썼던 것도 무리는 아니었다.

나는 그 뒤로 두 번 다시 그러한 짓을 되풀이하지 않았다. 드디어 나는 그 나쁜 습관에서 탈출했다. 거울이 결정적인 역할을 해 준 것이었다.

당신은 어떤가. 당신에게도 반드시 나쁜 습관이 하나쯤은 있을 것이다. 당신이 유쾌한 생활을 할 수 없도록 그것이 방해하고 있는 것은 아닐까? 그렇다면 그 습관을 곧장 없애 버려야 하지 않을까?

어떤가. 그것을 고치기 위해서 반드시 거울이 필요한가?

물론 그런 것은 아니다. 나는 나쁜 습관을 없애기 위하여 다른 방법도 얼마든지 동원할 수가 있을 것이다. 하지만 물질적인 것이 아니라 정신적인 거울은 누구에게나 반드시 필요한 것이다. 당신이 타인을 바라보듯이, 자기 자신을 객관적으로 바라볼 수 있는 거울을 마음속에 항상 비치해 둘 필요가 있는 것이다. 그 거울을 가만히 들여다보면 당신의 모든 것, 그리고 치부까지 발견할 수가 있기 때문이다.

당신은 자기 의견을 떳떳하게 주장하지 못하고 남에게 이리저리 끌려 다니지는 않는가?

햇볕에 그슬린다든가, 동상에 걸린다든가, 혹시 비에 젖을지 모른다는 생각으로 산책하는 것을 싫어하지는 않는가?

당신의 마음속의 거울에 당신을 비춰 보라. 당신은 나처럼 양말을 지갑으로 사용할 정도는 아닐지 몰라도, 혹시 당신을 유쾌하지 못하게 만드는 혹시 어떤 어리석은 일을 하고 있는지도 모른다.

그렇다면 당신은 그것에 과감히 맞서라. 가슴을 당당하게 펴고, 고개를 꼿꼿이 세우고, 턱을 당기고, 눈에 힘을 주어 당신의 나쁜 습관을 한참 동안 노려보라. 그리고 그것에 사정을 두지 말고 때려부숴라. 당신의 행복을, 유쾌한 생활을 망쳐 놓는 그 녀석을 과감하게 때려부숴라. 그것이 당신의 몸에 다시는 그림자도 비치지 못하도록.

매일 즐겁게 보내라

우리는 이 세상을 살아가면서 곧잘 이런 공상에 빠진다.

'나에게 지금 1만 달러만 있으면 정말 신나게 쓰고 다닐 텐데……'

'칸 해변에 찾아가서 일광욕을 마음껏 즐길 수 있으면……'

누구나 공상은 매우 즐거운 것이다. 그러나 내가 주장하고 싶은 것은 자신의 즐거움을 찾기 위하여 가공의 상황을 설정하지 말라는 것이다.

'비행기로 세계 여행을 해봤으면 매우 행복할 텐데…' 라든지 '65세가 되어 직장에서 은퇴하면 호화 요트의 갑판 위에서 안락 의자에 누워서…' 하는 식의 생각은 절대 금물이다.

그리고 '만일'이라는 가정에 빠지지 말라는 것이다. 당신이 백만장자이건 무일푼이건 간에, 당신이 계획한 매일의 목표는 바로 그날 당신을 오직 유쾌하게 만들 수 있는 것이 아니면 안 된다.

윌리엄 셰익스피어는 『오셀로』에서 이렇게 말했다.

"쾌락은 시간을 매우 짧게 만든다."

짧든 길든, 당신의 시간을 항상 유쾌함으로 가득 채워라. 즐겁게 사는 것을 속물적인 인간이라고 비웃는 사람들을 비웃어 주자. 그들은 모두 인생의 진정한 가치를 모른다. 그러나 그들을 반드시 용서해야 한다. 그들은 당신처럼 영리하지 못하니까.

독자들은 이 책을 진지하게 읽기를 바란다. 잘 읽기만 하면 당신은 1년 내내 매우 행복한 기분으로 살 수 있게 될 것이다.

뚜렷한 하루의 목표를

매일 용기를 가지고 열심히 살아라. 인생을 적극적으로 살면 마침
추구하는 목표를 반드시 달성할 수 있을 것이고, 성공과 행복을 동시에 얻을
가능성이 높아진다.

02

당신의 시계는 왜 빨리 가는가

당신은 하루를 어떻게 보내는가. 당신에게 주어진 매 시간, 매 분은 당신에게 굉장한 기회가 되고 있는가, 아니면 부담이 되고 있는가?

당신은 혹시 지금 당신 자신에게 이렇게 말하고 있는가?

"아, 시간이 왜 이렇게 더디게 가지? 앞으로도 두 시간이나 남았네?"

그렇게 말하는 당신에게는 시간은 정말 느리게 흘러간다. 그러나 새로운 것, 그리고 처음 보는 기계라든가 새로운 지식 같은 것을 대하게 되면 긴장하는 사람들은 어떤 것에도 결코 두려워하지 않고

그런 것들을 향해 과감하게 모험을 하는 사람들에게 시간은 몹시 빨리 흘러가 버린다. 이 세상에 있는 모든 것에 대해 흥미를 갖고 있는 당신에게 시간은 너무나 모자란 것이다.

다른 사람들은 매우 바쁘게 뛰어가고 있는데, 자신은 계속 그 자리에 쪼그리고 앉아 가만히 생각에 잠겨 있는 사람들이 있다. 그들은 자신을 몹시 불쌍히 여기고 있다. 그렇다면 그들은 지금 자신에게 주어진 삶을 온전하게 살아가고 있는가? 결코 아니다. 말하자면 그들은 반쪽 인생을 살고 있는 것이다.

당신이 그런 사람이라 하더라도 절대로 부끄러워하지 마라. 이 세상에는 당신 같은 사람이 수백만 명이나 있지만, 이제부터 당신만이라도 결코 부끄럽지 않은 인생을 스스로 만들면 되는 것이다. 자신을 변화시킬 시도해야 한다.

그러기 위해서는 당신은 반드시 행동해야 한다. 행동을 해야 행복을 얻을 수 있고, 힘이 생긴다. 사람들과의 폭넓은 친교를 위해 적극적으로 노력하면서, 금전 제일주의와 그리고 무관심과 고정관념과 당당히 맞서야 힘과 기쁨이 생기는 것이다.

하지만 우리는 그런 기초적인 진리를 놓치고 사는 때가 많다. 그리고 우리들은 그것 때문에 오랫동안 계속 고민하고 몹시 괴로워하게 된다.

아침에 잠자리에서 눈을 떴을 때, 당신은 이렇게 굳게 다짐해야 하는 것도 진리다.

'시간을 결코 허비하지 말고 모든 일에 적극적으로 활용하자.'

이렇게 해야 그 날 하루가 매우 즐겁고 자신에게 유익한 것이 되기 때문이다. 그것만으로 이 세계를 결코 움직일 수는 없겠지만, 당신의 세계만큼은 반드시 변화시킬 수 있을 것이다.

아침 식사 때, '오늘 하루를 열심히 살자'라고 굳게 맹세하는 어떤 남자가 있다. 그는 달걀을 대여섯 개, 오트밀을 서너 접시, 토스트를 열두 쪽이나 순식간에 먹어치우며, 우유를 서너 잔, 커피는 넉 잔이나 꿀꺽꿀꺽 마신다. 이렇게 아침을 먹고 나면 배가 몹시 두둑한 것이다.

그러면 그는 어떻게 될 것인가? 아침을 상쾌하게 시작할 수 있겠는가? 에너지를 양껏 섭취하여 배를 든든하게 해서 아침부터 왕성하게 활동하겠다는 의도는 좋지만, 그 자신은 배가 부른데 자신의 생각한 대로 활동할 수 있을까? 의학적으로 따져 보면, 뱃속에 음식물이 가득 차면 피가 위장으로 모여 머리는 멍해진다는 것이다. 그러므로 하루를 올바르게 시작하려면 아침 식사를 너무 많이 먹지 마라.

그러나 아침을 활기차게 시작하겠다는 그의 의도는 매우 바람직한 것이다. 불행하게도 이 세상의 수많은 사람들이 자신의 생활에 대해서 매우 소극적이며, 결코 즐거움을 추구하려고 하지 않는 것이다. 나는 당신에게 그런 생활을 당장 때려치우라고 부탁하고 싶다. 뭐든지 자신이 하고 싶은 일을 적극적으로 하는 것, 그것이 곧 창조적인 생활인 것이다.

당신은 언제든지 낚시를 하러 갈 수가 있고, 일광욕도 할 수 있다. 그러나 문제는 그것을 적극적으로 추진해야 한다는 것이다. 그저 되는 대로 행동해서는 안 된다. 예를 들어 당신이 낚시에 몰두하지 않으면 아마도 물고기는 이렇게 말할 것이다.

"어쩐지 이 미끼는 물고 싶지 않은데? 여봐, 미끼를 좀 싱싱한 거로 바꿀 수 없나?"

아침에 일어나서 텔레비전을 보고, 신문을 보고, 극장이나 식당에 가서 식도락을 즐기고 밤에 다시 집으로 돌아가서 자는, 그런 무의미한 생활을 하는 사람에게도 내가 하고 싶은 충고는 똑같다.

사람은 똑같은 일을 매일 되풀이하면 습관성에 빠지기가 쉬운데, 그렇더라도 그 일이 잘 되도록 적극적으로 행동해야 한다. 당신은 하루하루를 적극적으로 사는 자세가 가장 중요한 것이라는 사실을 명심하고 반드시 실천하라.

효과적이고 생산적인 일의 기쁨

저녁 퇴근 시간 무렵, 도심지의 거리를 가 보았는가?

퇴근 시간 직전까지만 해도 사람들이 크게 붐비지 않던 거리가 퇴근 시간이 되자마자 갑자기 퇴근하는 사람들로 거리는 가득 찬다. 이 모습은 마치 A급 태풍이 불어오거나 전쟁으로 적군이 쳐들어온다고 해서 야단법석을 피우며 대피하는 것 같은 모습이다.

직장에서 일하느라 8시간 있었던 것이 그렇게 지겨웠던 걸까? 일하는 것이 어떤 가혹한 고문이라도 당하는 것처럼 몹시 괴로운 것이었을까? 직장의 상사가 마치 4m 되는 큰 뱀으로 변신해서 자신을 칭칭 감으며 조이기라도 했단 말인가?

오늘날의 현대인들은 자신의 일을 그처럼 몹시 싫어하는 것 같다. 그들은 마치 일을 하는 게 아니라, 하루 종일 퇴근 시간을 알리는 벨이 울리기만을 손꼽아 기다리는 사람들처럼 생각되는 것이다.

당신은 그러한 사고방식에 동의하고 있는가? 당신도 그들처럼 1분이 멀다 하고 시계가 닳도록 쳐다보는가? 나는 결코 그들의 사고방식에 찬성할 수가 없다. 자신에게 주어진 일을 하여 돈을 벌고 일을 사랑하는 마음까지 배울 수 있는 매우 좋은 기회인데 왜 그런 기회를 스스로 놓치고 있는가?

영국의 수필가이자 사학자인 토머스 칼라일은 다음과 같이 말하였다.

"자신의 일을 발견한 사람은 이미 대단한 은혜를 입고 있는 것이다. 그는 더 이상의 혜택을 바라서는 안 된다. 아무리 작은 일이라도 일에 열중하는 순간, 자신의 영혼은 순식간에 조화를 이룰 수가 있다."

나는 칼라일의 사상에 대해서는 결코 동의하지 않지만, 이 말에 대해서만큼은 무조건 찬성할 수 있다. 일을 함으로써 자신의 영혼의 조화를 유지하고 있는 사람들의 경우, 실직한다든지 일을 손에서 놓으면 그들은 마음이 갑자기 위축되고 만다. 그리고 용모도 변하고 마침내 생기발랄했던 눈마저 빛을 잃어버리고 마는 것이다.

세상에는 자신에게 맞지 않은 일에 종사하고 있는 사람들이 많다. 그들은 자신에게 주어진 일에서 기쁨을 얻을 수 없기 때문에 마치 노예들과 마찬가지 신세다. 그들은 그저 돈 때문에 일을 하고 있을 뿐이고 자신의 일에 온 힘을 기울이는 사람들이 누리는 커다란 기쁨을 그들은 느끼지 못하는 것이다.

당신이 만일 그런 상태에 놓여 있다면 무언가 고칠 방법을 궁리해야 한다. 일하며 사는 보람을 느끼지 못하는 사람에게는 결코 창조적인 생활을 할 수 없기 때문이다.

당신은 당신의 주어진 일에 온 힘을 기울여 본 적이 있는가. 자신의 고정관념을 벗어나서 새로운 시각으로 당신과 일을 고찰해 본 적이 있느냐는 말이다.

"몹시 지겨워! 이 일은 정말 나한테 도무지 맞지 않아!"

이렇게 불평만 늘어놓을 것인가? 그러한 차원을 곧장 벗어나, 마치 이제 막 사회에 진출한 신입사원 같은 참신한 시각으로 자신의 일을 마주해야 한다.

아마도 당신이 그런 시각으로 항상 일을 바라본다면, 당신에게 그 일이 맞지 않는 것이 아니라 일하는 방법이 잘못되어 있다는 사실을 곧 깨닫게 될 것이다. 그리고 그 일을 통해 자신에게 주어진 성공의 기회를 얼마든지 포착할 수 있다는 사실을 알아야 하는 것이다.

당신이 직업을 잘못 선택한 것 같으면, 당신은 하루빨리 다른 일을 찾지 않으면 안 된다. 그래서 당신이 지금보다 신나게 일할 수 있는 일자리가 있다면, 다소 월급을 적게 받게 되는 곳이라 하더라도 적극적으로 나서서 전직을 고려해 봐야 한다.

만약 그러한 것이 매우 불가능하다면 여러 가지 취미 생활을 즐기도록 하라. 테니스에 매우 열중한다든가, 그림 그리기, 악기 연주하기, 글 쓰기, 자전거타기, 우표 모으기 등 자신의 취미 생활을 철저하게 즐겨라. 물론 대충 하는 식보다는 그 일에 흠뻑 빠져드는 것이 바람직하다. 그럼으로써 당신의 직업에 대한 불만을 그것에서 만족감을 얻을 수 있고, 당신에게 새로운 의욕이 생길 수 있을지도 모른다.

사람은 결코 타성에 젖어 생활해서는 안 된다. 당신은 인간일 뿐 물건이 아니기 때문이다.

그리고 당신은 반드시 장래에 대한 계획을 철저하게 세워야 한다. 당신이 현직에서 은퇴한 후 장래 어떤 일을 하면서 살아갈 것인지까지도 미리 생각해 두어야 한다.

나는 65세가 되었지만 계속 일을 하고 있다. 그리고 75세가 되어서도 그 어떤 일이든 계속할 것이다.

그런 생각은 나를 매우 만족시켜 준다. 사회가 나를 필요로 하는 한 나는 그 어떤 분야에서 계속 일을 할 것이고, 그럼으로써 그 일을 통해 나는 즐거운 생활을 충분히 지속할 수 있을 테니까 말이다.

자신의 일을 몹시 사랑하고 그것에 열중할 때, 비로소 기쁨이 용솟음쳐 나온다. 그리고 성공의 기회도 거기에서 나온다.

러시아의 문호 레오 톨스토이는 이렇게 설파했다.

"인간은 자신의 일에 몰두할 때 비로소 행복할 수 있는 것이다."

이 말은 확실히 진리인 것이다.

당신에게 주어진 시간을 즐겁게 보내라

우리는 어떤 주어진 일을 무사히 마쳤을 때 '시간'이라는 선물을 받는다. 그러면 바쁜 일상 생활에서 벗어나 비로소 여유가 생기는 것이다. 그런데 당신은 과연 그 선물을 어디에 쓰고 있는가? 골방에 처박아 둘까, 아니면 당신의 삶을 빛내는 데 사용하고 있는가? 만일 전자라면 당신은 몹시 지겨울 것이고, 후자라면 그 선물이 매우 너무 작다고 여겨질 것이다. 본디 즐거운 시간은 자신도 모르는 사이에 순식간에 흘러가는 것이기 때문이다.

그 선물을 골방에 처박아 두는 사람은 아마도 이렇게 말할지도 모른다.

"나는 모처럼 한가한 시간을 갖게 되면 내가 도대체 뭘 하면 좋을지 모르겠거든, 정말 그게 큰 문제야."

그것은 결코 옳지 않은 시각이다. 당신에게 문제가 되는 것은 시간이 아니라 바로 당신 자신인 것이다. 그것을 반드시 알고 문제를 자신 스스로 해결해야 한다. 당신의 소중한 선물인 그 아까운 시간을 허비한다는 것은 매우 어리석은 짓이다.

아기들은 가끔 성질을 내면서 비록 자기가 좋아하고 아끼고 사랑하는 것일지라도 사정없이 부숴 버리려고 한다. 그러나 이 책을 읽고 있는 당신은 아마 어린아이는 아닐 것이다. 유아기는 벌써 오래전에 보냈고, 아무것도 몰라서 계속해서 실수를 거듭하는 나이도 지났을 것이다. 따라서 이제는 그러한 시행착오를 또다시 되풀이해서는 결코 안 된다. 그러기 위해서 당신은 지금 무엇을, 자신이 어떻게 해야 하는지를 반드시 알아야 한다.

당신에게는 언제든지 자신이 자유롭게 사용할 수 있는 훌륭한 도구가 있다. 그것은 바로 '지혜'이다. 온갖 실패와 고통과 갈등, 그리고 성공을 통해서 자신이 획득한 그 지혜의 눈으로 여가 시간의 의미를 세밀하게 꿰뚫어 보아야 한다. 그것은 얼마나 귀중한 선물인가?

미국의 벤저민 프랭클린은 이렇게 말했다.

"당신은 자신의 인생을 사랑하고 있는가? 그렇다면 절대로 시간을 낭비하지 마라. 인생의 여러 가지 요소 중에 시간이야말로 가장 귀중한 것이다."

당신은 혹시 지금 귀중한 것을 낭비하고 있지는 않는가? 돈지갑이라든가 핸드백을 쓰레기통에 던져 버리는 어리석음을 저지르지는 않으면서 말이다. 이러한 것들은 시간에 비교하면 아무런 가치가 없는 것이다. 당신은 그런 소중한 자신의 여가 시간을 지루하게 보내서는 안 된다. 그리고 무관심해서도 안 되고 그저 되는 대로 보내서도 안 된다. 자신에게 주어진 시간이 자신에게 유쾌하고 즐거운 것이 될 수 있도록 적극적으로 노력해야 한다. 그런데 의외로 우리 주위에 그런 사람은 거의 없다. 왜 그럴까? 왜 사람들은 그렇게 귀중하고 값진 시간을 내다 버리고 마는 것일까?

아마도 자신의 여가 시간의 소중함을 분명히 인식하지 못했기 때문일 것이다. 또한 주어진 일에 몹시 지쳐서 그 시간을 어떻게 잘 활용해야 하는지 생각조차 못 하기 때문일지도 모른다. 그러나 분명히 인식해야 할 것은 자신을 재충전하여 다시 힘차게 일하기 위하여 여가 시간이 절대적으로 필요하다는 사실과 그 시간에 의해 우리의 인생이 기쁨과 행복감으로 가득 찰 수 있다는 사실이다. 일하는 시간만큼이나 여가 시간 또한 당신에게 매우 중요하다는 사실을 반드시 깨달아야 하는 것이다.

당신은 기계가 아니라 인간이다. 계속 쉬지 않고 일하는 기계가 아니다. 따라서 당신은 자신의 주인으로서 당당히 당신의 삶을 주관할 권리가 있다. 그렇기 때문에 자기 자신을 스스로 지배할 수 있는 기회를 가질 수가 있는 것이다.

당신은 그 시간에 아내와 테니스를 하거나 산책을 즐길 수도 있다. 그리고 그림을 그린다든지, 요리를 하거나 정원을 가꾸는 취미를 살릴 수도 있고, 이웃 사람들과 만나서 여러 가지 오락도 즐길 수도 있다. 도덕이나 윤리에 결코 어긋나지 않고 범법 행위가 아니라면 당신은 자신을 즐겁게 하기 위해서 무슨 일이든 할 수 있는 것이다.

당신의 눈이라든가 심장·다리·손 따위는 오직 당신만의 것이다. 따라서 그 주어진 시간은 당신만이 오직 사용할 수 있고, 그 사용 방법도 오직 당신만이 결정할 수 있다.

거울 앞에 바싹 다가서라. 그리고 거울 속의 당신에게 이렇게 진지하게 물어보라.

"넌 누구인가? 지금 무엇을 하려고 하는가?"

거울 속의 당신은 이 질문에 어떤 대답이든지 꾸밈없이 해야 한다. 그러면 당신은 아무런 결정을 하지 않은 상태로 결코 가만히 있을 수가 없다. 그랬을 때 당신은 자신을 뒤돌아보게 되고, 당신 자신을 행복하게 만들 수 있는 유일한 방법을 비로소 발견할 수가 있다.

그리고 뭔가 일을 할 때, 그것이 자신에게 이해득실에 전혀 상관이 없는 것이라 하더라도 전력을 기울여야 한다. 당신에게 시간을 빌려 주는 사람은 이 세상에 아무도 없다. 테니스를 할 때는 오직 테니스에만 열중하고, 정원을 가꿀 때는 그것이 세상에서 가장 중요한 일인 것같이 열중해야 한다.

자신에게 주어진 한 가지 일에만 전념을 하고, 또 다른 일에 손대

한꺼번에 결코 여러 가지를 하지 말자. 그렇게 하면 그 어떤 일에도 결코 자신의 정신을 한곳에 집중시킬 수 없기 때문이다. 항상 한 가지에만 집중하고, 그 일을 완전히 마친 다음에 다른 일로 넘어가라. 그렇게 하면 당신은 자신의 여가 시간을 많이 가질 수 있을 것이고, 자신 스스로 새로운 창조적인 생활을 즐길 수 있게 될 것이며, 그 생활을 통해서 큰 만족을 걷게 될 것이다. 일과 여가 시간을 조화롭게 운용하는 것이 곧 창조적인 생활의 매우 중요한 목표인 것이다.

매일 자신의 목표를 세워라

인간이 인간답게 행동한다는 것은 자신이 어떤 뚜렷한 목표를 세우고 그 달성을 위해 노력한다는 것이다. 이것은 심리인공두뇌학이라든가 자아상심리학에 관한 내 이론의 근간을 이루는 문제이다.

우리는 항상 자신을 즐겁게 만들기 위하여 뚜렷한 목표를 세워야 한다.

세상을 올바르게 사는 사람이라면 반드시 매일·매주·매달·매년의 목표가 반드시 정해져 있다. 생활이라고 하는 것은 곧 목표의 연속인 것이다.

당신은 자신의 목표 달성을 위해 계속 매진할 것인가, 아니면 그럭저럭 되는 대로 하루를 때우면서 자신의 행동에 온갖 갈등을 겪으면서 살고 싶은가? 그리고 즐거움을 얻고 싶은가, 그렇지 않으면 몹시 괴로워하면서 살고 싶은가?

이 세상 사람들은 어느 누구나 자신의 목표를 갖고 있다. 그리고 그 목표는 자신에게 몹시 중요한 것이다. 문제는 그 목표 선정 기준에 문제가 있다는 점이다. 한 마디로 말해서 매우 시시하고 자질구레한 것보다는 거창하고 큰 것들만 목표로 삼는다는 것이다.

그래서 사람들은 마침내 아무런 목표를 갖지 않게 되고 자신들이 어떤 목표를 달성해도, 마치 핵무기라든가 인종의 차별 따위의 철폐를 가져올 수 없을 것이라고 생각해서 어떤 목표를 세우는 일조차 자신 스스로 포기하는 것이다. 세상을 조금도 변화시키지 못하는 자신들이 세운 목표는 매우 시시하고 재미가 없는 것이라고 그들은 느끼는 것이다.

그것은 분명히 큰 잘못이다. 당신은 세계적인 주요 문제를 결정하는 미국의 대통령도 아니고, 뮤지컬 제작자 리처드 로저스같이 수백만 명의 관객을 동원하지도, 미키 맨틀처럼 장외 홈런을 쳐서 관중을 열광시키지도 못 하지만, 당신 또한 그들처럼 똑같은 모습으로 이 세상에 태어난 한 인간인 것이다. 당신 자신은 온갖 감정과 욕구를 가지고 있는, 당신 자신은 어느 누구보다도 매우 가치 있고 세계에서도 그 누구보다도 가장 가치 있는 인간인 것이다.

만일 당신이 10대 청소년이라면, 다음과 같은 것들을 목표를 세울 수가 있다. 휴가지를 선택한다든지, 어떤 기술을 몸에 익히고, 진리를 탐구한다든가, 여러 가지 운동의 연습에 열중하거나, 사교춤을 배운다거나, 새로운 친구를 만드는가 하면, 마음이 맞는 친구들과 동호회를 결성할 수도 있는 것이다. 이와 같이 여러 가지 목표 중에서 당신의 마음에 드는 목표를 몇 개쯤 선정할 수 있다.

그리고 20, 30대가 되면 자신과 목표는 더욱더 생기게 되고 그 달성 기간에도 변화가 자주 오게 된다. 자신 스스로 휴가에 대한 관념이 바뀌고, 가족을 기쁘게 하며, 그리고 돈을 번다거나 그 무엇인가를 연구하거나 공부하게 될 것이다.

당신은 주어진 그 순간순간에 어떤 목표를 달성하려고 애쓸지도 모르고, 힘겨운 목표가 몹시 많아서 그것을 달성하려고 날마다 그 무엇에 쫓기는 몸이 될지도 모른다. 그러나 어쨌든 당신은 그때그때, 또는 하루하루의 목표를 자신에게 주어진 시간 안에 달성하는 습관을 반드시 가져야 한다.

만일 당신이 가정주부라면, 자기와 남편과 가족을 위하여 맛있는 요리를 만드는 일이 매우 훌륭한 목표가 될 수 있다. 그것은 지극히 평범한 것일지는 모르지만 이것은 생산적인 목표임에 분명하다. 요리로써 남편의 욕구를 만족시켜 주고, 동시에 자신의 능력을 한껏 생산적으로 사용함으로써 남편과 가족을 기쁘게 하며, 자기 자신도 즐길 수 있기 때문이다.

그림을 그리는 일 또한 많은 즐거움을 준다. 구도를 정하기 위해 여러 가지 궁리를 하고, 자신이 구상했던 색깔이 만들어질 때까지 물감을 혼합하고, 색깔을 칠하고, 미묘한 효과를 내기 위하여 물체마다 그림자를 그려 넣는다. 세기의 거장 렘브란트의 그림에 비해 자신의 그림이 너무 뒤처진다고 해서 전혀 문제가 되지 않는다.

문제는, 그림을 그리는 일에 자신의 역량을 모두 쏟아 부었는가 하는 것이다.

그리고 그 그림이 지난번 자신이 그린 그림보다도 상상력이 몹시 뛰어나고 생동감이 있고 대담하게 그려져 있는가 하는 문제다. 또한 완성된 그림을 집 안의 어디에 걸어 놓느냐 하는 것도 문제가 된다. 액자에 넣어서 복도와 침실의 어느 쪽에 걸어 놓는 편이 더 좋은가, 그보다는 다음에 그리는 그림을 응접실에 걸어야 할지 따위가 당신에게는 세계 여행보다도 훨씬 더 중요하고 큰일인 것이다.

당신이 세운 어떤 목표를 향해 매진할 때, 당신은 그 목표 달성에 도움이 되도록 온갖 환경 조성에 전력을 기울여야 한다. 이때 자신이 항상 일할 기분을 유지하도록 하여야 하고, 그 목표를 지향하는 방향 감각을 잃지 않도록 주위의 다른 것에 신경을 쓰지 않도록 하며, 그 목표 달성하기 위해 조그만 행동도 결코 소홀히 해서는 안 된다.

그 목표는 아주 작은 것이라도 상관없다.

항상 일할 생각을 잃지 않도록 자기 자신을 스스로 조절하면서 최선을 기울이면 되는 것이다. 그런 자세를 항상 유지하고 있다면, 만일에 당신이 어떤 목표를 가지고 있지 않더라도 그 목표가 반드시 스스로 당신을 반드시 붙잡아 줄 것이다.

 행동이 불러일으키는 기쁨

어느 날 이 책을 쓰는 도중 나는 어느 독자로부터 한 통의 편지를 받았다. 텍사스의 휴스턴에서 보낸 것이었는데, 그 편지를 읽은 나는 몹시 기뻤다. 그녀가 심리인공두뇌학을 근거로 주장한 나의 이론을 응용하고 있다는 한 주부의 편지였다.

그녀는 내가 자신에게 새로운 가능성을 열어 주었다고 말했다. 그 덕택에 그녀는 그 이전에는 자신이 감히 생각지도 못했던 몇 가지의 계획을 과감하게 시도해 볼 수 있게 되었다는 것이었다.

그녀는 내 책을 읽고, 그때까지 자신의 행동에 어떤 한계를 정하고 있던 것이 자기 자신을 스스로가 속이고 있었다는 사실을 비로소 깨달았다. 그리고 그녀는 즉시 그 구속으로부터 자기 자신을 과감하게 해방시켰다.

우선 그녀는 자신이 평소에 하고 싶었지만 여러 가지 사정으로 인하여 하지 못했던 것을 정리한 다음 목표를 세웠다.

1. 동화책을 집필할 것. 2. 영화 비평문을 쓸 것. 3. 추리 소설을 집필하기 시작할 것. 4. 법인체를 조직할 것. 5. 법인체의 주식을 상장시키는 데 두 가지 계획을 면밀히 생각해 볼 것.

그녀는 이렇게 여러 가지 계획을 세운 다음, 그 목표 달성에 방해되는 것들을 차근차근 정리하면서 그에 따른 필요한 시간을 최대한 만들었다. 그리고 그녀는 목표 달성에 부지런히 매진한 결과, 1년도 채 안 되어 그녀의 모든 목표를 성공적으로 이루었다는 것이었다.

"제일 큰 문제는 직장 일이었습니다. 나 자신의 목표를 위해서 직장 일을 결코 소홀히 해서는 안 되니까요. 그래서 나의 목표 달성하는 데 필요한 시간을 만들기가 쉽지 않았습니다. 집에 있는 시간은 물론이고, 출퇴근 시간이라든지 점심 시간 등의 시간을 쪼개서 부지런히 노력했습니다. 그렇다고 집안일이나 직장의 일을 소홀히 하지 않았습니다. 어느 쪽 일이건 저는 최선을 다했습니다. 그때그때 나에게 주어진 상황에서 목표를 가지고 달성하는 데 전력을 기울였어요. 덕분에 저는 이제부터 진실한 삶을 살 수 있게 되었습니다. 하지만 정말 몹시 힘들고 어려웠습니다. 그래서 몇 번이고 중도에 포기할까 생각도 했지만, 저는 마침내 해내고 말았습니다. 제가 그 일을 만약 포기했더라면, 결과는 뻔합니다. 아마도 저는 다시는 스스로 일어서지 못했을 겁니다. 다시 한 번 진심으로 선생님께 감사드립니다."

그녀는 자신의 목표를 뚜렷하게 정했고, 이제껏 그녀를 짓눌러 왔던 현실적인 모든 주위의 제약을 과감하게 뿌리쳐 버리고 자신이 누릴 수 있는 유쾌한 삶의 길로 접어든 것이다. 그녀는 앞으로도 어떤 목표라도 달성할 수 있을 것이 분명하다.

당신은 그녀처럼 목표를 많이 세울 필요는 없다. 그리고 야심적인 것도 필요가 없다. 다만 자신의 나태하고 안일한 삶에서 당신을 해방시키는 데 노력하면 된다.

자신의 온갖 장애를 극복하고 마침내 정상인보다 훨씬 더 뛰어난 능력을 보여 주었던 헬렌 켈러와, 몹시 심한 우울증을 앓고 있으면서도 놀라운 박애 정신을 발휘한 저 유명한 나이팅게일을 떠올리는 것도 큰 도움이 될 것이다.

당신에게 즐거움을 주는 사람들

당신은 사람들과 만나는 일이 매우 유쾌한가, 아니면 몹시 괴로운가? 그리고 당신 주위에는 원만한 관계를 계속 유지하고 싶은 사람이 많은가, 아니면 가능하면 깨끗이 정리해 버리고 싶은 사람이 많은가?

우리는 사회 생활을 하는 한 다른 사람들과 관계를 계속해서 맺으면서 살아갈 수밖에 없다. 이 세상 사람들 가운데 어느 누구든지 인간관계는 그 사람 생활의 중요한 부분을 차지하고 있다.

사람들과의 관계는 매우 다양하고 복잡하다. 그런데 세상을 살아가면서 사람들을 많이 만나는 것을 좋아하는 사람보다 싫어하는 사람들이 많듯이, 인간관계에 있어서 복잡한 것보다는 단순한 것을 선호하는 사람들이 더욱 많은 것이 현실이다. 그러나 이것은 사회생활을 하는 한 그 누구도 어쩔 수 없는 일이다.

따라서 우리는 그 무엇보다도 대인관계를 원활하게 만드는 일에 신경을 쓰지 않을 수가 없다. 그리고 친구들과 우정을 더욱 강화시키는 일이 불가피한 것이다. 그러나 대인관계를 원활히 유지하는 것은 무척 어려운 것이다. 사람들 사이에는 문제가 매일 엄청나게 많이 발생하기 때문이다. 서로를 인정하지 않는 이기주의, 위선, 그리고 이유 없는 질시, 자신의 이익만을 추구하는 이기적인 행위, 그리고 온갖 오해, 인종에 대한 편견과 개인 능력에 대한 무시 등 수많은 문제가 곳곳이 도사리고 있는 것이다.

내가 보기에 이러한 문제들은 대부분 그 어떤 직접적인 것보다도 간접적이고 미묘한 것에 의해 발생하는 경우가 많다. 그것은 자기 멋대로의 상대방에 대한 오해나 어리석은 생각 등 자기 자신의 어긋난 편견 때문인 것이다. 그 결과로 인해 그 사람은 저마다 마음에 큰 상처를 입는다. 이러한 정서적인 상처는 점차 치유가 되지만, 대부분 그 속도가 더딘 편이다. 그래서 세상에는 대인관계에서 실패하지 않는 사람이 거의 없다.

우리는 실패를 조금도 부끄러워할 필요는 없다. 또한 상대방으로 인해 실패를 하고 마음의 상처를 입었을 때, 당신은 상대방에게 곧장 등을 돌려서는 안 된다.

"화가 몹시 나는데 어떻게 그럴 수가 있습니까?"

당신은 이렇게 몹시 화를 내면서 반문할지도 모른다. 그렇게 화가 난다면, 등을 돌리는 대신 그들과 조금 거리를 두어 보라. 잠시 떨어져서 그들과 당신의 관계를 세심히 관찰해 보는 것이 매우 바람직하다. 그러면 아마도 당신의 약점이 보일 것이다. 그렇게 되면 그 사람과의 관계 개선을 위해 어떻게 해야 할지도 자연스럽게 알게 될 것이다.

그렇게 해서 대인관계가 다시 정상화됐을 때, 당신은 전보다 더욱 즐거워질 것이고 자신의 잘못이 매우 부끄러워질 것이다. 그런 부끄러움은 아무리 강조해도 좋다. 자신이 또다시 같은 잘못을 저지르지 않기 위해서 반드시 그럴 필요가 있는 것이다.

이와 같이 사람들과의 친화력을 항상 돈독하게 유지하고 그것을 더욱 발전시켜 가는 능력이 당신의 행복을 만드는 가장 기본 요소인 것이다. 당신은 반드시 이 우정을 유지하는 기술을 습득해야 하며, 그것을 세상을 살아가는 데 있어서 최대 목표로 삼아야 한다.

어쨌든 모든 사회 생활에 있어서 자신에게 가장 근간이 되는 것은 당신의 태도인 것이다.

자신의 행복

당신은 자신이 어떤 사람인지 잘 알고 있는가? 그리고 어떤 것은 할 수 있고 어떤 것은 할 줄 모르는 사람인지 잘 알고 있는가?

그것을 잘 파악하는 것은 당신이 살아가는 데 매우 중요한 일이다. 그리고 그것을 자신의 생활에 반영하는 것은 더더욱 중대한 일이다. 자기 자신에 대한 태도에 따라 자신에게 향상의 기회가 찾아올 수도 있고 절망의 구렁텅이로 전락할 수도 있기 때문이다.

당신의 자아상은, 당신이 하는 일을 즐겁게 하거나 주어진 여가를 꽤 유쾌하게 보낼 수 있도록 힘을 빌려 주고 자신이 무엇을 하든지 간에 당신의 행동에 자신감을 갖게 해 주는 것이다. 그래서 자신의 모든 것이 즐거워지면 당신의 자기 평가는 날이 갈수록 높아진다. 그리고 당신이 최고의 상태에 놓여 있을 때 비로소 당신의 진정한 모습을 알 수 있게 되는 것이다.

자신의 건설적인 자아상을 갖고 있는 사람은 유쾌한 생활의 조성을 위해 일부러 노력할 필요가 없다. 그런 건전한 자아상을 계속 유지할 수 있다면, 그에게 주어진 생활은 그 자체가 매우 즐거움이기 때문이다. 그는 결코 어떠한 세상의 고통이나 고난에도 결코 꺾이지 않는다. 극복의 차원을 넘어서 그것을 즐기는 차원에 다다랐기 때문이다. 그렇게 되면 자신의 자아상은 더욱 강화된다. 끊임없이 전진하고, 자신의 한계를 세밀히 파악하여 자아상의 강화에 힘쓰면서 무슨 일이나 즐겁게 처리해 나간다면 그는 어떠한 난관도 뚫고 과감하게 나갈 수 있는 매우 강력한 힘을 지니게 된다.

그러기 위해서 당신은 다음 두 가지 교훈을 신조로 삼아라.

1. 매일 자신의 뚜렷한 목표를 갖자.
2. 현실을 절대로 도피하지 말자.

나는 언젠가 서해안 방향으로 강연을 간 적이 있었다. 그때 샌디에이고에서 샌프란시스코 행 비행기를 탔을 때였다. 이때 나는 86세의 노부인과 나란히 앉게 되었고, 이때 나는 그녀와 여러 가지 이야기를 나누었다. 그녀는 영국 출신인데, 수많은 얘기 끝에 그녀가 캘리포니아의 패서디나 부근에 영국계 노인들을 위하여 '노인의 집'을 마련했다는 사실을 비로소 알았다.

그녀는 고령에도 불구하고 명예회장으로서 매일 '노인의 집'을 방문하여 자신이 성심껏 봉사한다고 했다.

"나는 하루하루가 몹시 바빠."

"연세가 많으신데, 힘든 적은 없으십니까?"

"나는 나이 같은 것은 아예 생각도 하지 않아요. 나는 자신 스스로 즐기고 있는 것이고 그저 하루하루를 굉장히 좋은 날로 만들려고 노력하는 것뿐이라오. 나는 사람들과 얘기하는 것도 좋아하고 남의 얘기를 듣는 것도 매우 좋아하는데, 그곳에 가면 그럴 수 있거든."

"그래서 할머니께서는 그렇게 젊어 보이시는군요!"

"아마 내가 재미있게 살아서 그럴 거야. 나는 하루하루가 몹시 재미나는 게 아니거든."

이때 그녀의 눈빛은 몹시 반짝거리고 있었다.

그 뒤, 나는 샌프란시스코에서 며칠을 보낸 다음 샌디에이고로 돌아가기 위하여 비행기를 탔다. 도중에 비행기는 샌타바버라에 착륙했는데, 이때 10대 초반의 애들이 50명 정도가 비행기에 올라탔다. 이때 그들을 인솔하는 어른들이 몇 명 있어서 내가 알아보니, 그들은 가출을 했거나 가벼운 범죄를 저지른 9세에서 15세까지의 청소년들로서 현재 기관으로부터 보호 감독을 받고 있다고 했다.

그 중 한 소년이 내 옆 좌석에 앉았다. 아마도 12세 정도로 보이는 그 애의 눈은 지난 과거를 말해 주듯 매우 총기가 없어 보였다. 눈동자는 불안에 떨며 쉴새없이 구르고 있었고, 두 눈은 마치 어두운 그림자가 쌓여 있는 듯했다.

소년은 비행 도중 계속해서 몸을 돌리고 말없이 창 밖만 내다보고 있었다. 마침내 비행기가 샌디에이고 상공에 도착하여 착륙 준비를 시작했을 때, 소년은 혼잣말처럼 이렇게 내뱉었다.

"와, 사람들이 되게 많다! 마치 벌레 같네."

그것이 하늘에서 땅 위에 있는 사람들을 관찰한 그 애의 감상이었다.

나는 이때 그 소년의 말에 이상스럽게 가슴이 몹시 떨렸다. 누군가가 그런 말을 했더라면 아마도 안 그랬을 것이다. 그런데 침울한 눈빛의 소년의 입에게 그런 말이 나오다니……. 나는 사람들을 '벌레'에 비유한 그 소년이 매우 측은하게 생각되었다. 그에게 다른 사람들은 아무 가치도 없는 존재였던 것이다.

그 소년의 자아상은 몹시 나약한 것이었다. 산다는 것 그 자체가 그 애에게는 쓸데없는 짓인지도 몰랐다. 나는 그 감독 교사들이 소년을 밝게 이끌어 줄 것이라고 굳게 믿고 싶었다. 그리고 소년이 자기 마음속에 있는 적극적이고 긍정적인 성품을 언젠가 발견할 수 있게 되기를 진심으로 빌었다.

나는 86세의 노부인과 12세 소년을 비교하지 않을 수 없었다. 나이 많은 노부인의 적극성과 어린 소년의 무기력함과 나약함은 너무나 대조적이었다. 나는 그들을 통해 사람들의 기력을 떨어뜨리는 것은 나이가 아니라 정서적인 장애라는 사실을 깊이 깨달았다.

결코 실패를 두려워하지 마라

당신이 어떤 목표를 세울 때, 가장 장애가 되는 것은 실패에 대한 두려움일 것이다. 그래서 많은 사람들이 저마다 자신의 목표를 쉽게 이루는 방법을 찾으려고 몹시 애쓰게 된다. 만일 당신도 그럴 생각이라면 아무것도 하지 않는 편이 낫다고 말하고 싶다. 왜냐하면 새로운 일에 손을 대지 않으면 결코 실패하는 일도 없을 것이기 때문이다.

그러면 두려움을 없애는 방법은 없을까? 세상에는 유감스럽게도 그런 방법은 없다. 그것은 두려움을 완전히 없애지는 못 해도 그것을 감소시키는 방법은 있다. 그것은 스스로 자기 자신의 벗이 되는 것이다.

그러자면 자신이 항상 유쾌한 기분을 가질 수 있도록 반드시 자기 제어부터 해야 한다.

먼저 감촉이 부드러운 의자에 앉아라. 그게 마음이 내키지 않으면 긴 의자라든가 마룻바닥 위에 엎드려도 좋다. 그리고는 곧장 편안한 마음으로 잠을 청하라. 그러면서 천천히 당신 자신을 설득시켜라.

자신이 지금 어떤 상황에 놓여 있을 때, 이 세상에서 가장 정확하고 신속하게 사태를 파악하고 재빠르게 행동으로 옮길 수 있는 사람은 아무도 없다. 하물며 당신이 완전한 인간일 수 있겠는가?

당신은 이제까지 어머니 노릇을 완벽하게 하는 여성을 만난 적이 있는가? 그리고 아버지 노릇을 완벽하게 하는 사람을 만난 적이 있는가? 또 그런 교사라든가 세일즈맨·시민·정치가·운전기사·이발사·기업가·아들·딸을 본 적은 있는가? 아마도 당신은 이제까지 원만한 인간을 만나 본 적은 있었을지 몰라도 가장 완벽한 인간은 못 만났을 것이다. 그런데 어째서 하필 당신은 자신에게 완벽함을 요구하는가?

자신의 뚜렷한 목표를 설정하면서 당신은 자신을 이렇게 납득시
켜라.

"너한테 완벽한 것을 기대하는 것은 결코 아니야. 너는 다만 최선
을 다하면 되는 것이다."

그것을 매일 되풀이하는 것이다. 그렇게 하면 당신은 기분이 매
우 편해지고 자신감이 마음속에서 한없이 용솟음치는 것을 비로소
느끼게 될 것이다.

세상을 살면서 결코 실패를 두려워할 필요는 없다. 하루가 시작
될 때 자신의 뚜렷한 목표를 정한 다음, 자기 자신에게 이렇게 속삭
이면 된다.

"너는 실패를 많이 하는 사람이지. 하지만 그 실패를 극복하는 사
람이 바로 너야."

매일 용기를 가지고 열심히 살아라. 인생을 적극적으로 살면 마
침내 자신이 추구하는 목표를 반드시 달성할 수 있을 것이고, 성공
과 행복을 동시에 얻을 가능성이 높아진다.

항상 창조적으로 살아라

만일 당신의 마음에 부정적인 관념의 뿌리가 몹시 깊으면 싸움은 약간 불리하게 될 것이다. 그러나 당신은 반드시 승리를 얻기 위해 그것과 격전을 감수하지 않으면 안 된다. 왜냐하면 그것은 승리할 가치가 있는 싸움이기 때문이다. 마침내 승리하면 당신은 생활을 창조적으로 항상 즐겁게 보낼 수 있다.

목표는 우연히 달성되는 것이 아니다

자신이 집에서 단추를 달거나 아침에 이를 닦고 접시를 닦거나 하는 온갖 잡다한 따위의 일은 우리가 아무런 의심도 없이 매일 하는 습관에 속한다. 이와 마찬가지로, 우리는 어떤 일을 항상 똑같은 자신의 사고 방식으로 처리하려는 경향이 있다. 그 일에 적당하지 않은 방법인데도 무비판적으로 하고 있는 것이다.

예를 들면, 활기찬 생활에 대한 경우인데 사람들은 '매일 활기찬 생활을 하자'고 말하면, 그런 일을 생각하는 데 자신이 시간을 할애하는 것조차 매우 어리석은 일이라고 여긴다. 그러나 나는 그런 계획을 세우는 일이 우리의 인생을 몹시 활기차게 만들어 주는 활력

소라고 굳게 믿고 있다.

아득한 옛날 네 발로 걷던 동물에서 마침내 두 발로 걷게 되고, 그리고 오랜 시간의 진화를 거쳐 오늘의 인간이 되기까지, 우리 인간은 자신의 가치 있는 목표를 달성하기 위하여 끊임없이 노력해왔다. 당신이 어떤 일을 성취하기 위해 목표를 세웠을 때 그것은 결코 우연히 달성될 수가 없는 것이다.

현재 개업 중인 어느 의사는 42세인데, 그는 고등학생 시절에 의사를 목표로 열심히 노력해 왔다고 했다. 내가 아는 어느 변호사도, 물리학자도 마찬가지다. 그들은 자신의 목표를 일찍 세우고 어렸을 때부터 노력하여 마침내 그 목표를 달성하여 그에 대한 대가를 충분히 받으면서 살아가고 있다.

위대한 발명왕 토머스 에디슨도 6세 때 기계적인 도구를 사용하여 실험을 했고, 도널드 오코너와 같은 위대한 배우도 어린 시절부터 연기를 연마하여 오늘날에 유명한 배우가 된 것이다.

당신이 고등학생, 대학생 시절 또는 사회 초년생 때, 아이를 키울 때, 그리고 사회적으로 성공했을 때, 그리고 자신의 획기적인 변혁을 꾀할 때, 손자를 방문할 때 등 그 어떠한 때라도 미래를 건전하게 설계하고 그것을 실행을 하면 당신은 자신의 능력을 훨씬 넘어서서 삶이 매우 전진하게 되고, 그 세월이 매우 값진 것이 될 것이다.

자신의 생활을 설계하는 데 있어서 우리가 근본적으로 가져야 하는 것은 자신이 '이 세상에서 사는 하나의 인간'이라는 굳은 신념

  성공한 사람들의 행동 습관

이다. 이 신념을 강화시켜, 일상 생활을 하면서 부닥치게 되는 온갖 장애 요인에 결코 두려워하지 않고 과감히 도전하고 충실한 나날을 보내야 한다.

우리가 어린 시절부터 노년에 이를 때까지 자신이 계속 추구하는 목표가 있다면 그것은 '자신의 자아상의 확립' 일 것이다. 사춘기에는 성인이 된다는 것이 왠지 모르게 몹시 두려워하면서 자신의 자아상을 탐구하고, 성인이 된 다음에는 더욱 현명해지기 위해 자아상을 한층 강화시킨다. 그리고 현명해진 다음에는, 노년에 이르러서도 매우 안이하고 편안한 세월을 구가하는 대신 더욱 자신이 원숙해지기 위하여 자아상 확립에 노력을 기울인다.

인간은 누구나 자신에게 주어진 하루를 성실히 생활하지 않으면 안 된다는 것을 알아야 한다. 주어진 현재의 하루하루가 매우 중요한 것이며, 어제의 실패는 이미 과거 속으로 곧장 흘려보내야 하는 것이다. 몹시 불안하고 회한에 찬 감정을 곧장 떨쳐 버리고 자신을 어떠한 어려운 상황에도 충분히 견딜 수 있는 인간이라고 스스로 인정할 수 있게 되면, 사람에게는 나이가 결코 문제가 되지 않는다.

이것은 어렵고 매우 복잡한 인생의 여러 가지 문제를 단순화시키고 있는 것이 아니다. 사실 사람들의 온갖 실패 가운데는, 매우 단순한 문제를 너무 복잡미묘하게 생각하는 데에서 오는 경우가 많은 것이다.

당신은 현실 속에서 자기 자신을 순순하게 받아들여야 한다. 이

것이 기본이 되어야 한다. 그렇다고 당신이 다른 사람보다 더 훌륭하고, 얼마만큼 다른 사람보다 뛰어난지 끊임없이 당신 자신에게 일러 주어야 한다고 권하는 것은 아니다. 자기 도취는 그 사람을 현실로부터 도피시켜, 그로 하여금 다시금 환각의 세계에 빠져들어가게 하기 때문이다. 당신의 자기 평가는 누가 보더라도 매우 타당한 것이어야 하고, 주위에 있는 사람들이 모두 인정할 수 있는 것이어야 한다. 그런 다음 자기 자신을 항상 최고의 상태에 있도록 계속 힘쓰고, 그 상태를 더욱 지속시키고 크게 확대시키는 노력을 게을리하지 않으면 안 된다.

자기 자신을 파악하는 일은 가능하다면 젊었을 때에 하는 것이 매우 바람직하다. 그때 자신이 완전한 인간이 아니라는 것을 비로소 깨닫더라도 결코 뒷걸음치지 않을 것이고, 현실 생활에서 자기 자신을 기꺼이 받아들이는 습관을 쉽게 붙일 수 있기 때문이다.

만일 당신이 자기 자신을 있는 그대로 받아들이고 살아간다면, 그것은 마침내 당신이 활기찬 생활의 기초를 튼튼하게 구축한 결과가 된다. 그것이야말로 자신의 진정한 생활의 튼튼한 기반인 것이다.

담배와 오렌지 주스

자신의 자아상을 강하게 키우는 데 실패한 사례를 소개해 보겠다.

나는 17세 때 처음으로 일을 시작했다. 그 일은 무더운 여름철에 브루클린의 코니 아일랜드에서 오렌지 주스를 파는 일이었다.

아무튼 몹시 더워서 손님들이 주스 서너 잔을 계속 마실 정도였다. 물론 나도 무척 더워서 손님이 없을 때면 그때마다 카운터 뒤에 몰래 숨어서 오렌지 주스를 국자로 퍼서 마시곤 했다.

나는 첫 주에 8달러를 벌었다. 나는 뱃속에서 오렌지 주스가 출렁거리는데도, 무거워진 몸을 간신히 이끌면서 가게까지 걸어가 5센트짜리 담배를 샀다.

나는 담배를 계속 빨아 댔다. 그 결과, 마침내 누군가가 나를 집까지 데려다주지 않으면 안 될 정도까지 되었다. 나는 몇 번이나 몹시 토했고, 창백해진 얼굴을 거울에 비추어 보면서 매우 흐뭇해했다. 그러고는 곧장 침대에 쓰러져 밤새껏 괴로워서 잠을 이루지 못하고 이리저리 뒤척거렸다.

내가 이 사소한 이야기를 사례로 들게 된 것은 내가 담배의 해로움을 지적하기 위한 것이 아니고 오늘도 나는 담배를 마음껏 피우며 그것을 매우 즐기고 있기 때문이다.

문제는 그때 나에게 담배가 내 생활의 일부가 될 수 없었다는 점이었다. 나는 그 전에는 담배를 한 번도 피워 본 적이 없었기 때문이다. 그러나 나는 담배를 매우 멋있고 맛있게 피우는 내 모습을 항상 마음속에 그리고 있었다. 그러다가 마침내 나는 어른들처럼 담배를 피울 수 있게 되었다는 만족감을 갖게 되었다.

나는 터무니없는 환각에 사로잡혀 몸이 몹시 흔들렸다. 나는 모든 것이 연기가 되어 사라질 때까지 담배를 계속 피워 댔다. 자신의 비현실적인 자아상에 몹시 취해 있었던 것이다. 그리고 마침내 나는 쓰러져 버렸다.

이 얘기는 현실적인 인간으로서의 능력을 모두 잊어버리고 환상의 세계에 빠져 자신을 현실의 생활로부터 도피해 버린 좋은 사례가 될 것이다.

이처럼 세상 사람들은 자신의 진짜 능력을 미처 알지 못하고 있는 수가 있다. 그것은 젊은이나 노인이나 모두 마찬가지다. 자신의 진짜 모습을 경멸하면서, 곧 거기에 등을 돌리는 것이다.

그러나 절대로 도피하지 말아라. 자신의 진짜 모습을 두 눈을 똑똑히 뜨고 똑바로 바라보라. 그게 곧 당신의 자아상이다. 그러므로 그것을 솔직하게 인정하고 더욱이 자아상의 확립에 강화에 힘써라. 당신의 능력은 당신이 미처 믿지 못할 만큼 엄청난 것일 수도 있다.

여자 두목 윙기 이야기

내가 어렸을 때, 윙기라는 한 여자애가 있었다. 윙기는 여자아이였는데도 우리 꼬마들 중에서 두목 노릇을 했는데 그것은 그녀에게 그럴 만한 이유가 있었다.

뉴욕 시 로우이스트 사이드의 뒷골목은 하루종일 사람들로 매우 북적거리는 곳이었다. 건물들이 양쪽으로 줄지어 늘어서 있는 좁은 길을 짐차나 마차들이 요란스러운 소리를 내면서 계속해서 질주하곤 했다. 교통량이 몹시 많아서 시끄러웠고, 항상 교통사고의 위험이 도사리고 있는 곳이었다. 그러나 그곳에서 자란 나 같은 꼬마들에게 그런 위험쯤은 아무 일도 아니었다. 나는 커다란 바퀴 사이를 요리조리 재빠르게 피해서 오가는 것에 매우 익숙해져 있었고, 그것은 점점 우리 생활의 일부가 되어 있었다.

우리는 그런 환경 속에서도 항상 즐겁게 놀곤 했다. 거리에서 뛰놀다가 몹시 싫증이 나면 우리는 이스트 강으로 곧장 갔다. 썩은 오렌지와 멜론이 둥둥 떠다니는 이 강에서 우리는 수영하거나 잠수를 즐겼다. 그러다가 몸이 지치면 물 밖으로 고개만 내밀고, 흰 파도를 헤치며 하류로 내려가는 커다란 배들을 바라보곤 했다. 그리고 우리들은 물놀이에 싫증이 나면 밖으로 나와서 무리를 지어 아토니가를 정신없이 쏘다녔다. 그러다 보면 노점의 상인들이 팔다 남은 과일이나 식료품 따위를 우리에게 몇 개 주기도 했다. 그러면 우리들은 어깨를 더욱 으쓱대며 다녔고, 하찮은 일에도 크게 떠들고 요란스럽게 웃으면서 모두 재미있어 하곤 했다.

우리는 짐차나 마차를 상대로 노는 방법을 잘 알고 있었다. 그것은 길가에 서 있다가 갑자기 뛰어들어 위험한 바퀴 사이를 재빠르게 빠져 나가는 놀이였다. 그런데 우리는 어느 날 윙기로부터 그 놀이에 끼어 달라는 간절한 부탁을 받았다. 우리들이 일찍이 생각해 본 적은 없었지만, 그런 놀이는 오직 사내애들만 하는 걸로 인식해 왔던 우리는 윙기의 청을 단호하게 거절했다. 이때 윙기는 우리 패거리도 아니었던 것이다. 그러나 윙기는 우리가 노는 근처에서 저 혼자 그 놀이를 즐기고 있었다. 우리와 함께하는 것이 아니라서 뭐라고 할 수는 없었다.

그러던 어느 날, 윙기는 우리들처럼 마차 두 대 사이를 빠져 나오는 모험을 감행했다. 그녀는 평소 같으면 그 정도는 쉽게 해치울 수 있는 일이었다. 그러나 이때 윙기는 몹시 운이 나빴다. 윙기가 모험을 감행하는 순간, 마차 앞으로 개 한 마리가 갑자기 뛰어든 것이었다. 그러자 깜짝 놀란 말은 비명을 지르면서 앞발을 곧추세웠고, 그 바람에 바퀴의 움직임이 달라져 윙기의 오른팔이 바퀴 사이에 끼고 말았다.

그 애의 팔이 떨어져 나가지 않고 위기를 모면한 것은 천재일우의 기적 같은 일이었다. 그러나 그때부터 윙기의 오른쪽 팔은 V자형으로 꺾여 그만 굳어지고 말았다. 팔꿈치 윗부분은 어깨에서 튀어나오고, 그 아랫부분은 허리를 향해 있었다. 윙기는 다행히 그 팔을 앞뒤로 자유롭게 흔들 수 있었고 손가락도 쓸 수 있었으나 팔을 똑바로 뻗칠 수가 없었다. 그래서 윙기의 모습은 마치 날아가는 새의 날개 모양으로 팔을 펄럭거리며 뛰곤 했다.

그때부터 우리는 그 애를 '윙기(날개를 갖는 것)'라고 부르게 되었고 그 애의 진짜 이름은 메리였다.

메리는 고아였다. 그런 메리를 우리 사내아이들은 그녀를 모두 깔보는 마음으로 우리 패거리에 끼워 주지 않았다.

아마도 사람들은 그 애처럼 외롭고 불행하면 늘 기가 죽은 채 지낼 것이다. 그러나 메리는 전혀 그렇지가 않았다. 항상 사내아이인지 계집아이인지 구별이 안 가는 옷을 입고 다니던 메리는 마차 사고를 당한 후에도 계속 말괄량이였다. 그녀는 사고를 당하기 전처럼 마차 사이를 뛰어다녔고, 웃고 떠들며 매우 명랑했다. 다만 옛날과 다른 것이 있다면, 수영을 못 하게 되었다는 것이었다. 그 대신 윙기는 이스트 강의 긴 강둑을 따라 걷곤 했다.

그 애는 다친 팔 때문에 사람들에게 자주 놀림을 받았다. 내가 만약 윙기였다면, 아마도 나는 내 주위에 단단한 집을 만들고 그 속으로 들어가 나 자신을 어둡고 침침한 방 안에 감금시킨 채 자신의 얄궂은 운명을 저주하면서 세상과 내 자신을 몹시 증오했을 것이었다. 그러나 윙기는 전혀 그렇지가 않았다. 그녀는 여전히 쾌활했고 자기 자신을 결코 포기하지 않았으며, 마침내 강변에서 자신의 새로운 생활까지 발견했다.

그녀가 자신의 새로운 세계를 발견한 것은 초여름의 어느 날이었다. 배가 항구로 들어와 짐을 내려 놓으면, 매우 덩치가 큰 부두 노동자들은 그 짐 덩어리에 갈고리를 찔러 넣어 어깨에 메고는 옮겼다.

그들은 쨍쨍 내리쬐는 햇볕 아래서 몇 시간이고 중노동을 계속해
야 했다. 윙기는 그런 하역 작업을 구경하기를 매우 좋아하게 되었
다. 그러다가 그 중 어느 노무자와 친해졌다. 그 남자는 갈고리의
명수였는데, 그의 입에서는 계속해서 못된 상소리가 흘러나왔다.
그는 윙기가 '나는 여자아이에요' 라고 말하자 깜짝 놀랐다. 그 애
는 남자아이들처럼 옷이 몹시 지저분했기 때문이었다.

윙기는 그에게 자신의 희망을 밝혔고, 그는 그 일을 딴 사람들에
게 들려 주었다. 그래서 노무자들은 윙기에게 자신들이 사용하는
도구의 운반이라든가 심부름 따위를 시키기로 했다. 그때부터 그
애는 V자형 오른손을 앞뒤로 신나게 펄럭거리며 왼손으로 물통이
나 도구 따위를 주워 들고 열심히 날랐다.

마침내 윙기는 이스트 강 부두의 명물이 되었다. 그 애는 열심히
일을 해서 점심 식사를 스스로 해결하고 급료까지 받게 되었다. 그
녀는 자기에게 맡겨진 일을 계속해서 열심히 했을 뿐이었는데, 부두
의 노동자들 누구나 입에서 침이 마르도록 그 애를 칭찬하곤 했다.

10월 말이 되자, 매우 날씨가 따뜻해지고 한낮에는 무척 더운 날
도 있었다. 그럴 때면 우리들은 우르르 이스트 강으로 나가서 잔교
끝에 매어놓은 작은 모래 운반선에서 놀곤 했다.

그러던 어느 날 우리들이 한창 놀고 있는데 갑자기 쇠를 자르는
듯한 날카로운 비명 소리가 들려 왔다. 그것은 우리 일행 중의 한
사람인 레드의 목소리였다.

우리는 모래 운반선과 잔교 사이로 점점 빠져들어가는 레드 주위로 우르르 모여들었다. 모두들 처절하게 몸부림치는 레드를 어떻게든 끌어올리려고 안간힘을 썼지만 그건 불가능했다. 그것은 때마침 강바람이 불어와 운반선을 잔교 쪽으로 밀어붙였기 때문이었다.

레드는 계속 살려 달라고 애처롭게 비명을 질러 댔다. 아마도 그냥 놔두면 돌풍이라도 불어오면 레드는 그것에 눌려 죽고 말 것이었다.

이때 우리는 어찌할 바를 몰랐고, 어떻게 손을 쓸 수도 없었다. 레드가 끼어 있는 곳에 접근할 수 있는 장소가 너무 좁아서, 한 사람밖에는 자리할 수가 없었다. 그리고 우리들 가운데에는 그 누구도 혼자의 힘으로 레드를 끌어올릴 만큼 힘이 센 애들이 없었다.

그런데 이때 지원자가 한 사람 달려왔다. 잔교로 뛰어온 구원자는 불구의 소녀인 오른팔을 가진 윙기였다. 이때 우리는 윙기에게 오지 말라고 크게 소리쳤다. 그러나 윙기는 애들을 제치고 나아가 잔교에 무릎을 꿇고 앉았고 왼손을 레드에게 내밀어 붙잡았다. 그러더니 단숨에 레드를 잔교 위로 끌어올렸다.

이때 우리는 모두 깜짝 놀랐다. 그리고 모두들 자신의 눈을 의심하지 않을 수 없을 정도였다. 그러나 부두에서 일하는 동안에 윙기의 왼팔은 오른팔의 몫까지 매우 강해져 있었던 것이다. 그녀는 마침내 그래서 레드의 생명을 구제한 것이다.

그녀는 갑자기 우리의 스타가 되었다. 그리고 우리는 만장일치로 윙기를 우리 패거리의 두목으로 추대했다. 우리는 우리의 패거리를 이끄는 두목으로 몸집이 매우 작고 한쪽 팔이 불구인 소녀를 뽑은 것이었다. 우리는 그녀를 진심으로 존경하게 되었다. 그녀는 단순한 말괄량이 계집아이가 아니라 불굴의 정신과 강인한 의지를 가진 대단한 소녀였다.

그 뒤에 그녀는 수술을 받아서 오른팔은 정상으로 되돌아왔다. 그리고 10대 후반이 되었을 때 그녀는 소년 클럽의 '두목' 자리를 물러났다. 그때부터 그녀는 점점 여자다워졌고, 몇 년 뒤에는 어떤 남자와 결혼해서 아이를 몇 명이나 낳고 잘 살게 되었다.

윙기는 언제나 말괄량이 계집애였다. 그렇다고 해서 그녀는 모든 말괄량이 계집애들 같지는 않았다. 윙기는 아주 특별한 애였다. 그녀는 자신의 신체적 장애를 비관하고 생을 포기하거나 자기 자신을 학대하는 따위의 어리석은 짓을 결코 하지 않았다. 그리고 자신의 불행을 통해서 그녀는 자신의 정신력을 더 한층 강화시킬 줄 아는 대단한 능력의 소유자였다.

지금 내 머릿속에 강하게 그녀가 남아 있는 것은, 윙기가 레드를 구출한 행위보다도 그녀가 그런 자신의 온갖 어려움에도 불구하고 매우 꿋꿋하게 살았다는 사실이다. 이미 어린 시절에 그녀는 고통스런 상태에서도 결코 물러서지 않고, 오히려 그것을 자신이 새롭게 태어날 수 있는 기회로 삼아 강인한 인간으로 거듭나는 방법을 체득하였던 것이다.

윙기는 그녀가 살아 있는 한 항상 뜨거운 젊음과 질긴 생명력을 유지해 갈 것이다. 그녀는 환각이라든가 자기도취가 아니라 항상 현실에 처해 있는 자신 그대로의 자기 자신을 기꺼이 순수하게 받아들여, 최선을 기울여 생활에 맞부딪쳐 갈 것이다.

세상을 사는 보람의 상징

윙기는 언제까지나 계속 내 마음속에 남아 있을 것이다. 그녀는 내게 있어서, 비록 어떤 역경에 처했을지라도 자기 자신을 결코 포기하지 않고, 항상 그것을 극복하려고 애쓴 인간의 상징인 것이다. 아마도 그녀같이 항상 굳은 신념을 가지고, 타인에게 신경을 쓰지 않고 오직 전진하는 사람은, 생을 스스로 버리고 암흑의 땅굴 속에 틀어박히는 일은 없을 것이다.

그러나 윙기와는 매우 대조적인 사람들도 있다. 그들은 윙기같이 자신 스스로 역경을 헤치고 빠져 나올 힘을 못 가졌던 사람들이다. 사춘기에 접어든 어느 소녀가 그랬다.

그 애는 손재주가 무척 없어서 피아노를 제대로 치지 못했다. 그것은 그 애의 '그릇된 자아상' 때문이었다. 그 애의 부모는 그녀가 어렸을 때부터 피아노를 뚱땅거리면 이렇게 말하곤 했다.

"너는 손재주가 없어서 큰일이야."

부모의 그런 말이 은연중에 그녀의 뇌리에 박혀 소녀는 자기 자신이 피아노를 칠 수 없는 애라고 믿고 있었던 것이다. 더불어 소녀는 재봉질 같은 일도 제대로 하는 것이 없었다. 그때 소녀는 이렇게 비관했을 것이었다.

'난 왜 이렇게 손재주가 없을까? 정말 한심하구나.'

그녀의 자기 비판은 사춘기가 다 지나도록 계속됐고, 마침내 딴 분야로까지 확대되었다. 이를테면, 손일 뿐만 아니라 발일, 머리 쓰는 일까지 제대로 하는 일이 아무것도 없었다. 그녀의 자책하는 마음은 가슴을 계속 찔러 댔다. 무슨 일을 하든지 그녀의 마음속에는 항상 그러한 공포가 자리 잡곤 했다. 그럴 때 그녀는 나를 만나게 된 것이었다.

이때 내가 그녀에게 해 준 말은 별 것이 아니었다. 그저 자신을 가장 잘 아는 사람은 오직 자기 자신이며, 부모도 잘못을 범할 수 있다는 것, 남의 말을 무조건 너무 맹신해서는 안 된다는 것, 그리고 자기 확신을 굳건하게 가지고 강하게 밀어붙이면 반드시 자신의 소망을 이룰 수 있다는 것 등을 얘기해 주었을 뿐이었다.

그녀는 이때 내 말에 굉장히 충격을 받았다. 그리고 자신의 두 눈을 번쩍 뜨게 되었다. 어른이 된 지금, 그녀는 피아노를 아주 잘 친다. 그리고 요리도 잘 하고 재봉질도 매우 잘 할 수 있게 되었다.

또 한 사람은 내 아내 친구의 아들이다.

그 애는 사춘기 때부터 불량배에 가담하여 언제나 주머니에 칼을 넣고 다녔으며 그는 나쁜 친구들과 함께 학교에서 항상 말썽을 일으키는 문제아였다.

"너는 네 자신을 어떤 인간이라고 생각하니? 너는 아마 네 자신을 형편없고, 앞으로 가망이 전혀 없는 애라고 생각하겠지? 하지만 내가 보기에 너는 반드시 장래 크게 성공할 가능성이 많은 아이야. 네가 다른 친구들을 괴롭히거나 문제를 일으킬 때 항상 증오심을 품고 있는 것을 보면 잘 알 수 있거든. 증오심이라는 건 다른 말로 표현하면 오기인데, 오기라는 건 남에게 지기 싫어하는 마음 같은 거야. 그게 계속 쌓이면 나중에 반드시 성공하는 것이지. 그런데 정말 네가 성공하고 싶다면 고칠 게 꼭 한 가지 있어. 그건 증오심이야. 증오심은 마치 날카로운 칼과 같아서 잘 쓰면 사람에게 매우 이롭지만, 잘 못 쓰면 사람을 해치고 자기 자신조차 해치게 되거든, 그걸 참고 삭히지 않으면 안 돼."

그러나 내 말을 듣고 있는 그 애의 눈에는 불신이 가득 담겨 있었고 매우 불만스럽고 적의로 가득 차 있었다.

그 애가 내 말을 믿기까지는 꽤 상당히 오랜 시간이 걸렸다. 이제 그 애는 지금 훌륭한 사회인으로서 결혼하여 잘 살고 있는데, 이런 아이들의 인생에 결정적인 계기가 찾아오는 것은 매우 어려운 일이다. 왜냐하면 그들은 자기 자신에 대하여 처음부터 완전히 체념하고 있었기 때문이다.

그런데 더 큰 문제는 사람들의 정신적 건강을 해치는 이런 고통이 자기 자신에게 비롯됐다는 데 있다. 사람들은 항상 그릇된 판단을 자기 자신에게 강요하고, 그 성 안에 틀어박혀 결코 빠져 나오려고 하지 않는다. 나는 그런 경우를 주위에서 많이 보아 왔다.

나에게 있어서 그런 성벽을 허무는 것은 큰 기쁨이다. 나는 그들에게 자기 자신을 뛰어난 존재라고 생각하게 하며, 자기 자신에 대하여 믿고 있는 것이 사실은 극히 일부만 진실이라는 것을 깨닫게 해 준다. 그러면 나의 목적은 달성된다.

사람들은 저마다 활기를 되찾으며, 일상 생활을 하면서 미소를 짓기 시작한다. 어두운 마음속에서 스스로 발견한 바깥 세계를 향하여 과감하게 뛰쳐나가는 것이다. 그 바깥 세계는 문제가 매우 많긴 하지만 어두운 세계보다는 훨씬 살기 좋은 곳이다.

아무튼 윙기처럼 육체적인 어떤 장애라든가 정서적인 핸디캡에 결코 지지 않고, 자기가 앞으로 살아나아갈 길을 쟁취하여 행복하게 되는 것은 그렇게 간단한 일은 아니다. 그러나 그러한 일은 불가능한 일은 결코 아닌 것이다.

실패한 것은 곧 잊어버려라

만일 세상을 살면서 자신이 열심히 노력만 한다면, 우리는 어떤 나이에도 사는 보람을 발견할 수 있을 것이다. 그렇게 되면, 우리는 항상 활력에 넘치게 되고, 마치 하늘을 나는 것처럼 유쾌하게 활짝 웃을 수 있다.

미국의 시인 헬렌 헌트 잭슨은 다음과 같이 말했다.

"신이 사랑하는 자는 영원히 젊음에 가득 차 있다."

신이 누구를 사랑하는지 나로서는 잘 알 수 없지만, 만일 당신이 자기 자신을 존중하고 처음부터 자신이 우수한 사람이라고 굳게 믿고 있다면, 당신은 죽을 때까지 '젊음'을 유지할 수 있을 것이다. 그리고 자신의 어떤 고통이나 고난에 부닥치더라도, 주위 사람들에게 동정을 구하기 위하여 그때마다 곧장 불평 불만을 터뜨리고 어려움을 호소하는 따위의 인생은 결코 살지 않을 것이다.

당신은 일생을 통하여 창조적인 활력을 항상 몸에 지니도록 노력해야 한다. 하루하루 자신의 뚜렷한 목표를 향하여 충실히 노력하자. 그 과정에서 결코 나이를 탓하거나 돈이 없다는 것을 핑계 삼지 마라. 그것이 당신의 가장 중요한 목표 중의 하나이다.

그러면 당신은 언제부터 창조적인 생활을 시작했으면 좋겠는가? 지금 당장 시작하라. 당신이 젊거나 늙거나 간에 지금 곧장 시작해야 하는 것이다.

그것은 먼저 자기 자신을 파악하는 일로부터 시작된다. 건전한 자아상의 있는 그대로의 모습과 힘을 알고 있어야 한다. 그리고 나이에 알맞은, 충실한 자신의 생활을 영위하는 기본이 되는 현실적인 바탕 위에 참된 자아상을 세워야 한다.

생활은 결코 어떤 들놀이가 아니다. 때로는 음식이 전혀 없는 경우도 있고 개미나 모기에게 괴로움을 당하는 경우도 있다. 실패나

　당신이 혹시 직업을 잃는다든지 사업에서 실패했다고 가정해 보
자. 당신은 몹시 우울하다 못해 곧장 병석에 드러누울지도 모른다.
그렇게 되지 않을 사람이 과연 이 세상에서 얼마나 있을까?

　이렇게 되면 당신은 매우 초조해지고, 걸핏하면 화를 내게 될 것
이다. 무슨 일을 해도 제대로 되는 일이 하나라도 있을까? 당신의
형편이 매우 좋았을 때의 친구들은 당신을 회피할 것이며, 그리고
심지어 지나가던 개마저 당신을 보고 갑자기 짖게 될 것이다.

　이때 당신은 눈 딱 감고 이렇게 생각해 보면 어떨까?

　'나의 실패는 이미 과거의 일이니 이제 깨끗이 잊어버리자.'

　당신은 몹시 심한 우울증에 빠져 자기 자신을 책망하고, 자신을
실패하게 만든 자기 자신을 몹시 증오할 것이다.

　'그때 그렇게 방법을 썼더라면 좋았을 것은… 반드시 그렇게 했
었더라면……'

　이렇게 자책하는 말을 계속해서 중얼거리면서, 당신의 과거의 실

패에 대한 회상 속에 자신을 꽁꽁 묶어 두려고 할 것이다. 그러나 그와 같은 어리석은 행동은 자기 자신을 세밀히 관찰하고서도 중요한 대목을 놓치고, 자기 자신을 미워하며, 실생활에 있어서의 가장 좋은 벗인 당신의 자아상을 말살하고 있는 것이다.

당신은 자기 자신을 매일 부드럽고 정답게 바라보고 있는가? 비록 당신 자신이 스스로 실패를 초래했다고 하더라도 용서하고 "인간이니까 실수할 수도 있는 거지"라고 당신 자신에게 말한 적이 있는가? 그리고 똑같은 실패를 두 번 다시 되풀이하지 않겠노라 마음속으로 굳게 결심하고 자신감을 북돋아 보았는가?

실패를 곧장 잊어버리자. 당신은 실패한 적이 없는 것이다. 그리고 이제 다시 무無에서부터 다시 새롭게 시작하는 것이다.

아마도 그러면 당신은 마음속으로 혹시 이렇게 반발하지도 모른다.

"어떻게 나에게 엄연히 있었던 일을 없었다고 한단 말이오? 당신이 직접 당하지 않았다고 그렇게 함부로 말하지 마시오. 내가 얼마나 그 일로 인해 내가 원통하고 괴로워한지 아시오?"

그러면 당신의 말대로 있었던 일이라고 하자. 그렇다고 당신에게 달라지는 것은 무엇이 있는가? 그런다고 실패가 성공으로 변하는가? 좀 덜 억울해지는가? 당신에게 아니면 누군가가 갑자기 나타나서 당신의 원통함을 동정해서 사업 자금을 지원해 주기라도 하는가? 아무것도, 달라지는 것은 없다. 오직 달라지는 것이 있다면, 그럴수록 당신의 상처만 깊고 커질 뿐이다.

그렇다면 자신의 실패를 곧장 잊어버리자. 당신의 실패는 이제 변할 수 없는 상황인데, 그것을 자꾸 마음속으로 되뇌이면 오직 마음의 상처만 커질 뿐이니, 차라리 잊어버리는 것이 최고이다.

당신이 실패한 것에 결코 구애되지 않고 적극적인 방법으로 재기한다면, 당신의 자아상도 다시 회복되어 반드시 당신의 편이 되어줄 것이다. 그리고 당신은 앞으로 주어진 일상 생활의 전체에서 큰 활력을 느낄 수가 있다.

그때쯤 되면 만일 당신이 '실패'를 자신의 머리에 떠올린다 하더라도, 그것은 당신을 결코 위협하지는 않을 것이고 그 대신에 희망을 한껏 느낄 것이다. 왜냐하면 당신의 머릿속에는 온갖 희망으로 가득 차 있기 때문이다.

어린아이들의 창조적인 생활

일상 생활하는 데 있어서 창조적인 습관을 항상 몸에 붙이는 것은, 일찍 시작하면 할수록 매우 바람직하다.

메리 뎀버 부인이 관리하는 센트루이스의 포사이스 스쿨은 3세에서부터 6세까지의 아이들을 가르치는 학교다. 이곳에서는 애들이 장래 사회 생활을 적극적으로 할 수 있도록 하는 것을 목표로 유아 교육을 하고 있다.

그래서 이 학교에서는 뚜렷한 목표를 지향하고, 상상력을 적절히 이용하며, 때로는 실패를 허용하는가 하면, 친구에 대해 동정심을 가지도록 철저하게 교육시키면서 성공의 원리, 심리인공두뇌학, 자아상심리학 등의 이론에 기초하여 수백 명의 어린이들을 매우 섬세하게 가르치고 있다.

그 교육의 가운데 매우 인상적인 것은 친구끼리 서로 도우면서 생활하는 법을 가르친다.

어느 날 교장 선생은 그것에 관해서 나에게 이런 얘기를 들려 주었다.

6세짜리 아이들에게 몇 명이 합동으로 무엇이든 각자 자신들이 원하는 것을 만들어 보라는 과제를 주었다. 한 그룹은 놀이터 모래밭에 가서 모래로 길거리의 여러 가지 모형을 제법 멋지게 만들었다. 그 애들은 그걸 다 만든 다음 선생님들과 친구들에게 보여 주며 무척 자랑스러워했다. 그랬는데, 점심 시간이 되었을 무렵 아장아장 걷는 어느 꼬마 아이들 3명이 그걸 보더니 그 모형을 단번에 허물어뜨리고 말았다.

잠시 후 그 참담한 결과를 본 길거리 모형의 제작자들은 몹시 화가 나서 길길이 날뛰었다. 그러고는 그들은 곧 범인을 찾아 나섰다. 범인들은 이내 밝혀졌는데, 이때 6세 소년들은 범인들에게 화를 낼 수가 없었다. 아이들이 너무 어려서 무슨 말을 해도 잘 알아들을 수 없었기 때문이었다.

이때 6세 소년들은 머리를 서로 맞대고 의논했으나 의견이 분분했다. 아무리 뭐가 뭔지 사물을 잘 모르는 아이들이지만 자신들이 저지른 잘못에 대해 책임지는 습관을 키워 줄 필요가 있으니, 무슨 벌이라도 그들에게 주어야 한다는 의견이 있었는가 하면, 차마 때릴 수는 없으니 군밤이라도 먹여서 자신들이 잘못을 스스로 깨닫도록 해 주자는 의견도 있었다.

그러나 그보다도 자기들이 한 짓이 잘한 건지 나쁜 건지도 아직 잘 모르는 꼬마들이 저지른 짓이므로 그들을 용서하기로 하자는 의견이 더 우세했고, 마침내 그들은 그렇게 하기로 결정을 보았다.

소년들은 교장 선생님께 찾아와 자신들의 의논 결과를 알린 다음, 이렇게 말했다.

“저희들이 다시 한 번 만들어 보겠습니다.”

그리고 6세 소년들은 부지런히 합심해서 앞의 것보다 더 멋있는 모형을 만들어 놓았다. 이것은 어린애들 치고 정말 너무나 의젓한 모습이며 사고 방식이 아닐 수 없었다.

그런 일화가 아니더라도, 나는 이 학교를 방문했을 때 학생들의 몸에 배어 있는 적극적인 사고 방식을 발견하고는 그들에게 아주 강한 인상을 받았다.

체육 시간에 아이들이 평균대 연습을 하고 있었다. 그런데 다른 아이들과는 다르게 유독 어떤 한 아이만은 몹시 서투른 것이었다. 교사는 그 아이를 의자에 앉혔다. 그리고 그가 어떻게 해서 실패했

는지, 또 다른 아이들은 어떻게 해서 성공했는지를 잘 생각해 보라
는 지시를 내렸다.

이튿날, 나는 그 아이가 평균대를 훌쩍 건넜다는 사실을 전해 들
었다. 그 부분에서 선생님의 강제적인 성격을 띤 교육은 오직 그
'생각하는 의자' 뿐이었다. 그런가 하면 친구에게 상처를 입힌 아이
도 그 의자에 앉혀진다고 했다. 거기에 앉아서 자기가 어떤 아이인
지 그리고 어떤 짓을 했는지를 스스로 곰곰이 생각해야 한다는 것
이다.

내가 그곳을 방문했을 때도 한 서너 살쯤 된 아이 하나가 그 의자
에 앉아 있었다. 이때 그 녀석의 표정은 별로 기분이 좋지 않은 듯 몹
시 싫증난 듯 몸을 비비꼬고 있었다. 그러자 그 아이에게 부상당한
아이가 그 녀석에게 책을 갖다주는 것이었다. 그러자 가해자 녀석의
얼굴은 활짝 개이고 의자 위에서 유쾌한 시간을 보내는 것이었다.

또, 아이들이 단어를 익히는 모습도 몹시 재미있었다.

6세가 된 아이들은 '-ll'이 붙은 단어를 배우고 있었는데, 한 아
이가 이렇게 말했다.

"K-i-l-l(죽이다)!"

그러자 다른 아이가 나섰다.

"그런 말을 쓰면 안 돼! 우리 s-k-i-l-l(숙련, 기술)로 하자."

다른 그룹에서 'go-'로 시작되는 단어를 공부하고 있었다.

"나는 황금(g-o-l-d)을 가지고 있어."

이때 한 사내애가 말했다. 그러자 옆에 있던 여자애가 곧장 대답했다.

"나는 목표(g-o-a-l)를 쏘았어."

그 애는 몹시 뚜렷한 목표를 가지고 있었다. 그곳의 아이들은 모두 자신들의 목표를 가지고 있었다.

물론 그 애들의 목표는 당장은 이뤄질 수 없는 것들이었다. 그러나 이제부터 기른 좋은 습관은 그 애들을 유년기·아동기·사춘기를 성공적인 것으로 만들 것이고, 청년기·중년기를 거쳐 노후의 은퇴 생활까지 그 애들을 반드시 좋은 길로 인도할 것이다.

결국 그것은 곧 창조적인 생활을 위한 훈련이고, 그것은 아무리 일찍 시작한다 해도 손해 볼 것이 없다.

온갖 잡념을 갖지 말라

자신의 자아상이 약하면, 이때 온갖 잡념이 마음을 어지럽히게 된다.

어느 날 당신이 거리를 산책하고 있다고 가정하자. 몹시 기분이 좋은 날이다. 맑은 하늘은 새파랗게 드높고, 태양은 매우 눈부시게 빛나고 있다.

당신은 산책을 즐기고 있다. 그런데 거리에 사람이 너무나 많아서 산책하는 것이 몹시 지겨워진다. 그렇게 되면 당신은 자기 자신에게 이렇게 말하게 될 것이다.

'오늘은 왜 이렇게 거리에 사람이 많은 거야? 나는 마치 개미집 속에 있는 한 마리 개미 같잖아. 내 존재가 이 정도밖에 안 되나? 에이, 기분 나빠.'

그리고 당신의 머릿속에는 그때 온갖 고민이라든가 불만이 고개를 쳐들고 나타난다. 이제 당신은 산책이 조금도 즐겁지가 않다.

인생을 살아가는 데 고민도 자연스럽게 이런 식으로 일어난다. 뭔가 어떤 일에 고민하기 시작하면 '군중 속의 한 사람에 불과한 나는 얼마나 무의미한 존재인가?' 하는 것밖에 생각하지 않게 되는 것이다. 그리고 당신이 그러한 상상력을 사용하는 방법은 그릇된 것이다. 당신은 자기 자신을 잘 이해하지도 못하면서 지나치게 깔보고 있는 것이다.

사람들은 자신이 모두 원하든 원치 않든 간에, 이 혼란스런 이 세상을 살면서 수많은 잡념과 함께 생활할 수밖에 없다. 세상 사람들 가운데 누구나 겪는 일인데 당신만 유독 자기 의식을 잃는다는 것은 매우 어리석은 일인 것이다.

만일 당신이 그렇게 마음속이 혼란스럽다면, 다음 과제들이 당신에게 큰 도움을 줄 것이다. 우선 다음의 과제에 과감하게 도전한 다음에, 온갖 잡념을 가지거나 말거나 하는 것은 오직 당신의 자유다.

1. 자신의 과거의 성공을 항상 마음속에 그려 본다.

자신이 비록 크게 성공한 것이 아니어도 좋다. 예를 들어 노래 한 곡의 가사를 다 외우는 데 성공했을 때, 그것을 가능하면 총천연색으로 만들어 머릿속에 띄워 그려 보자.

당신이 사랑하는 사람 앞에서 그 노래를 멋지게 불러 보였을 때를 생각하면, 이때 당신은 매우 즐거워질 것이다. 이 자기 만족의 감정을 확실히 포착하고, 거기에 곧장 초점을 맞춰 보자.

이것은 곧 자아상의 성공 부분을 재현하는 것이다. 자신이 실패한 부분은 곧장 잊어버리고 오직 성공에만 집중하는 것이다.

이때 과장이나 자만은 금물이다. 그런 것들은 모두 열등감에 불과하기 때문이다.

이렇게 해서 완성한 즐거운 모습을 당신의 마음속에 생생하게 유지한다면, 당신은 항상 자기 자신에게 강한 호감을 가질 수 있다.

2. 자신의 과거에 행복했던 때는 회상하라.

오직 잡념을 갖지 말고, 그 대신 자신이 과거에 행복했던 때를 상기하자.

당신 부부는 첫 아이를 낳았을 때 얼마나 행복했는가? 가족과 친척들, 그리고 주위에서 모두 진심으로 축하해 주었고, 당신은 직장 동료들에게 한턱을 내고 이웃 사람들을 집으로 초청하여 잔치까지 벌이지 않았는가?

그때 당신의 마음속에 어떤 고민이라든가 불만이 있었는가? 마치 자신이 구름 위에서 노닐고 감미로운 봄바람에 안긴 것처럼 마냥 행복하기만 하지 않았는가.

그때처럼 당신은 지금도 스스로 노력하기만 하면 반드시 행복해질 수 있다.

당신이 지금 마음속으로 고민하고 불만을 터뜨리는 것이 응석을 부리고 있는 것이라고 생각하지 않는가. 자신의 행복했던 시절을 자꾸 되뇌면 당신은 자아상을 더욱 크게 강화시킬 수 있다.

3. 여유 있는 마음으로 산책을 즐겨라.

산책이란 몸과 마음에 매우 좋은 것이다.

산책하면서 우선 생각해야 할 것은 운동감이다. 지나치지 않다면 운동이란 사람에게 언제나 느긋하고, 여유 있고, 활기찬 마음을 가져다준다.

항상 그런 마음을 가지고 당신이 성공하는 모습을 떠올려 보라. 그리고 항상 자신감을 가지고, 그 날의 뚜렷한 목표라든가 좀 더 큰 목표를 정한다든지 하자.

당신이 가장 하고 싶은 것, 그리고 할 수 있는 것을 먼저 생각하자. 그러면서 어떻게 하면 그것을 향해 한 걸음이라도 가까이 다가갈 수 있을지 생각해 보자.

세밀한 작전을 세우고, 현실적인 장애물을 예측하고, 당신이 자신 없다고 나자빠질지도 모를 경우도 항상 대비해 두자.

당신이 세운 목표는 지금의 당신에게 가장 현실적인 것인가? 만일 그렇지 않다면, 그 목표에 당신이 도달할 수 있을 때까지 결코 수정하지 않는 것이 좋다. 그러나 그 목표를 반드시 달성하고 싶고 또 준비도 잘 되어 있다고 생각한다면, 다시는 영원히 찾아오지 않을지도 모를 내일까지 기다리면 안 된다.

그리고 위의 과제들을 반드시 자신의 하루의 목표로 삼자. 그것들은 더욱 창조적으로 살고자 하는 당신에게 반드시 매우 유익한 것이 될 것이다.

반드시 실패를 극복하라

지금 당신의 마음속은 항상 전쟁터이다

당신은 당신 자신에 대해서 항상 마음속으로 부정적인 감정을 가지고 있는가? 그렇다면 긍정적인 감정을 애써 일깨워 그 부정적인 감정과 과감히 싸워라. 만일 당신이 그 싸움에서 이긴다면, 당신의 자아상은 창조적인 생활에서 당신을 온전하게 반드시 건전하게 지탱시켜 줄 것이다.

당신의 마음속은 하나의 전쟁터다. 만일 여기서 승리한다면 당신은 마침내 바라던 평화를 얻고 오직 자신의 목적 달성에 매진할 수 있게 된다. 이것을 군대로 비유하면, 당신의 마음은 곧 보병이고, 이론은 공군, 그리고 실천력은 곧 해군이다.

적을 찾아서 수풀 속을 포복하여 적의 위치를 파악하기 위해 적진의 후방에서 어둠 속을 정찰하는 보병은 당신의 마음만큼이나 몹시 중요하다.

이때 최신형 제트기나 화력이 막강한 전투기를 보유한 공군은, 마치 당신의 행동과 철학을 한껏 응용하고 뚜렷한 목표를 설정하거나 성공 원리를 활용하는 구실을 한다. 그러한 공군력을 크게 강화하는 것은 곧 당신의 자아상과 자신의 가치에 대한 개념을 강화하는 것이다. 그렇지만 당신의 해군은 강력한 적이 바닷가에 굳게 버티고 있으면 결코 병력을 상륙시킬 수가 없게 된다. 실패의 온갖 이유가 견고하게 버티고 있으면 승리를 결코 얻을 수가 없는 것이다. 따라서 당신은 이 싸움을 하기 전에 먼저 자신의 실패를 마음속에서 쫓아내지 않으면 안 된다.

당신의 마음속을 전쟁터라고 가정하니까 우스운가? 천만에! 그러나 당신은 웃으면 안 된다. 이건 결코 웃어넘길 일이 결코 아닌 것이다.

세상 사람들의 마음은 대부분 불행으로 가득 차 있다. 따라서 이 불행의 수풀을 헤치고, 그 불건전한 생각을 스스로 과감하게 쳐부수어 자신의 행복한 자아상을 확립하기 위해 때로는 자신과 처절한 싸움이 필요하다. 그것은 자신을 위해 절대로 필요한 싸움인 것이다.

얼 오브 리튼이 말한 '펜은 검보다 강하다' 는 격언은 지금 거의 상식으로 되어 있다. 그리하여 과거 1백 년간 인간의 지식의 덕택에 오늘날 우리는 이렇게 말할 수 있게 되었다.

'인간의 정신과 자아상은 대포보다도 더욱 강하다.'

그렇기 때문에 우리는 자신의 부정적인 감정이나 실패의 구조에 대하여 과감하게 선전 포고하는 것이다. 그러나 싸움의 큰 목적은 '부정적인 것'의 파괴가 아니라, 오히려 그 배후에 있는 평화와 행복에 있다. 그런 분위기 속에서 자신의 목표를 뚜렷하게 설정하고, 그 목표를 향하여 성실한 생활을 곧장 행동에 옮겨야 하기 때문이다.

당신은 자신을 절대로 평가절하하지 마라

우리는 지금까지 자신의 목표의 의의에 대해서 매우 진지하게 논의해 왔다. 그러나 어쨌든 당신의 성공의 구조를 철저하게 마비시키는, 그 잘못된 고정관념에서 깨어나는 것보다 더 이상 중요한 목표는 없다. 왜냐하면 당신의 고정 관념이 당신을 실패의 늪에 빠뜨리는 것이라고 하면 어떤 목표이건 전혀 아무런 의미가 없기 때문이다. 만일 그렇다면 당신은 지금 무엇을 달성할 수 있겠는가? 당신이 지금 할 수 있는 것은 실의의 늪 속에 빠져 모든 목표를 포기하는 길뿐이다. 다른 사람들이 드넓은 세상에 뛰어나가 마음껏 생활할 때, 당신의 생명은 마침내 빛을 잃고 곧장 어두운 방 안에 틀어박히게 되는 것이다.

당신이 창조적인 생활을 하려면, 당신은 부정적 관념의 최면 상태에서 빠져 나오지 않으면 안 된다. '최면을 깨트린다'는 말은 결코 과장된 것이 아니다. 왜냐하면 세상 사람들은 대개 웬만한 일에는 미동도 않는 고정관념에 마음을 모두 빼앗기고 있기 때문이다. 그들의 그러한 것들은 자신의 불행한 경험과 어리석은 지식에 힘입어 열등감을 더욱 견고하게 형성한다. 그리고 그 결과는 매우 비참한 것이다.

당신은 '지금까지 자신이 가치가 있는 일은 아무것도 하지 않았고, 앞으로도 할 것 같지도 않은 절망적인 쓸모없는 인간이므로 내 인생은 이제 틀렸다'고 믿고 있는가? 그리고 어떤 잘못을 저질렀을 때 그것 때문에 고생해야 한다고 생각하는가? 사랑하는 사람이 곁을 떠나갔으므로 살아가는 것이 무의미하다고 생각하는가? 원자력 시대이어서, 항상 핵전쟁에 의한 대량 학살을 걱정하면서 세상을 살아야 한다고 믿고 있는가?

만일 당신이 그렇게 생각한다면 당신의 고정관념은 크게 잘못된 것이다. 당신은 자신의 부정적인 생각으로 자기 자신에게 최면을 걸고 있다는 것을 반드시 알아야 한다. 말하자면 옳지 않은 그 나쁜 관념으로 자신을 계속 괴롭히고 있는 것이다. 그리고 최악의 적을 친구로 생각하는 잘못을 범하고 있는 것이다.

정치적 경향이라든가 그리고 건강 상태, 증권거래소 주식의 움직임 또는 다른 사람을 평가하는 일 등에는 모두 객관적인 태도를 유지할 줄 아는 현명한 사람들도 자기 자신의 불합리한 고정관념에 대해서는 대부분 어떤 의심도 하지 않고 맹목적으로 추종한다. 그뿐만 아니라 그들은 타인에게는 항상 따뜻한 동정을 곧잘 보내면서도 자기 자신에 대해서는 몹시 냉정한 태도를 취한다.

내 아내 도로시는 정형외과 의사다. 그녀의 말에 의하면 뺨에 아주 흉한 화상 흉터가 있었던 한 여자 환자는 수술 후 아주 말끔한 얼굴을 갖게 되었고, 아주 명랑해지고 대인관계도 몹시 부드러워졌다. 그런데 그녀의 마음 한구석에는, 대인관계에서 자신이 실패할 것이라는 잠재 의식이 여전히 남아 있었다. 이제 표면적인 고정관념은 변화했으나 항상 실패만 거듭했던 자신의 과거가 버릇이 되어 그녀의 마음속에 잠재 의식화되었다는 것이다.

더욱 큰 문제는, 그게 잘못됐다고 심각하게 받아들이지 않는 사람들이 세상에 대부분이라는 사실이다. 사람들은 남의 사고 방식을 보면 몹시 우습고 어리석어 보이는데, 왜 정작 당신 자신이 어리석다는 생각은 하지 못하는가?

아프리카의 벌레

내 아내가 정형외과 병원을 개업한 지 얼마 안 되었을 때, 키가 아주 큰 흑인 남자가 어느 날 찾아왔다. 그는 매우 튀어나온 아랫입술 때문에 온 것이었다. 도로시가 보기에 몹시 흉할 정도는 아니어서 수술할 필요는 없었다.

그러자 그는, 자기는 괜찮은데 자신의 애인이 그것이 몹시 보기 흉하다는 것이었다. 그래서 그의 애인은 그와 함께 있는 것을 딴 사람들한테 들키지 않으려고 애를 쓸 정도라는 것이었다.

도로시는 그가 심성이 매우 고운 사람이라는 것을 알았다. 그래서 그에게 그의 애인이 그를 진정으로 사랑하지 않는 것이 아니냐고 물었다. 그녀가 그를 진심으로 사랑한다면 그렇게 헐뜯는 말을 함부로 할 수 없지 않느냐는 것이었다.

아내가 그렇게까지 간곡하게 말했는데도 그는 수술을 받고자 하는 마음을 결코 꺾지 않았다. 그래서 이때 아내는 터무니없는 수술비 1천2백 달러를 그에게 요구했다. 그러면 혹시 그가 치료비 때문에 수술을 단념하지 않을까 하고 생각했던 것이다.

아내의 예상대로 그는 그렇게 많은 돈은 지불할 수 없다고 거절했다. 그리고 곧장 병원을 나가 버렸다.

그런데 그는 다음날 또 다시 병원에 나타났다. 그의 손에는 조그만 가방을 들고 있었다. 그는 가방에 든 것을 테이블 위에 모두 쏟아놓았다. 그러자 지폐 뭉치가 굴러 나왔다. 모두 1천2백 달러였는데, 지금까지 그가 저축한 전 재산이었고 그는 입술을 수술하여 애인의 마음을 사로잡기 위해 기쁜 마음으로 전 재산을 기꺼이 내놓은 것이다.

이때 도로시는 깜짝 놀랐다. 그리고 갑자기 슬퍼졌다.

아내는 그렇게 큰돈을 그에게서 받아 낼 생각은 전혀 없었다. 도로시는 필요 없는 수술이기에 그를 단념시키려고 거짓말했다는 사실을 그에게 고백했다. 그러나 그는 아내의 말을 뿌리치고 기어코 병원에서 수술을 받고 싶어했다. 그는 만약 도로시가 수술을 해 주지 않으면 다른 의사를 찾아가겠다고까지 말했다. 그래서 아내는 어쩔 수 없이 수술을 허락했다. 아내가 아주 싼값으로 해 주겠다고 했지만, 그는 애인에게는 수술비로 1천2백 달러가 들었다고 말해 달라고 부탁했다.

수술은 매우 간단한 것이었다. 국부 마취를 하고, 입술 안쪽과 과잉 조직을 잘라 낸 뒤 상처를 아주 가는 실로 꿰매고, 입술 바깥에 가제를 붙였다. 30분도 채 걸리지 않는 간단한 수술이었다. 환자는 몇 번 통원 치료를 한 후, 일주일 만에 실밥을 뽑았다. 절개한 부분이 안쪽이었기 때문에 이때 상처는 전혀 보이지 않았다.

그는 새 입술에 몹시 만족했다. 그리고 아내의 손을 붙잡고 거듭 고마움을 표시했다. 그는 의기양양하게 병원을 나섰다.

그런데 그는 몇 주일 후 아내를 다시 찾아왔다. 기운찬 모습은 어디론가 사라지고, 몹시 맥 빠진 상태였다. 그의 큰 덩치는 마치 바람 빠진 풍선같이 몹시 말라 보였고 양팔은 힘없이 축 늘어져 있었는데, 목소리는 유난히 흥분되어 있었다.

이때 도로시는 왜 그러느냐고 그에게 물었다.

"선생님! 벌레 때문입니다!"

"벌레라뇨?"

"아프리카 벌레입니다. 선생님! 그게 나한테 꼭 달라붙어서 저를 죽이려고 합니다!"

그는 자신이 당한 일에 대해서 아내에게 설명했다.

실밥을 빼내고 병원에서 나가자마자 그는 애인에게로 곧장 달려 갔다. 그녀는 그의 수술한 입술을 칭찬하면서 수술 비용이 얼마인 지 물었다. 그는 1천2백 달러라고 말했다. 그러자 이때 그녀의 태도 가 갑자기 변했다. 그녀는 이때 갑자기 폭발하듯 화를 터뜨렸다.

"뭐라고! 1천2백 달러나 되는 큰돈을 가지고 있으면서도 나한테 는 그 동안 아무 말도 하지 않았단 말이야? 너는 나를 속였어! 이 사 기꾼 같은 작자가 나를 감쪽같이 속였어!"

그는 깜짝 놀라서 자신의 진심을 그녀에게 말하려고 했다. 그는 자신의 전 재산을 선뜻 투자할 만큼 그녀를 진심으로 사랑하고 있 다는 걸 밝히고 싶었던 것이다. 그러나 이때 그녀는 그의 얘기를 들 으려고도 하지 않았다. 그러면서 이렇게 소리를 질렀다.

"이제 와서 밝히지만, 나는 당신 같은 사기꾼을 사랑하지 않았어! 어서 빨리 죽어 버려라, 이 사기꾼아!"

그녀는 그를 몹시 저주했다. 저주를 받아 죽어 버리라고 악담을 퍼부었다.

그는 이제 넋이 완전히 빠져 버렸다. 그리고 곧장 집에 돌아와 4 일간 두문불출했다.

그는 정상적으로 학교 교육을 받는 교양인으로서 본디 저주라든
가 마법 같은 것은 전혀 믿지 않는 사람이었다. 그러나 그녀를 만난
후, 그의 생각은 조금 바뀌었다. 그녀의 사랑을 갈구하고 있었던 자
신이, 그녀의 어떤 마력 같은 것에 사로잡혀 있었던 것이 아닐까 하
는 생각이 들었다.

그렇다면 자신을 미워하기 전에도 그를 마음대로 조정하고 있었
는데, 이제 저주를 한다고 그녀가 선언을 했으니 그녀가 정말로 자
기를 죽일지도 모른다는 생각을 했다.

그는 입 안을 혀로 이쪽저쪽을 만져 보다가 문득 무서운 것을 발
견했다. 그는 마침내 몸져누웠다. 이윽고 식음을 전폐하고 그 무서
운 것에 대해서만 계속 생각했다. 그리고 어느 날 주술에 능통한 무
당을 불렀다.

그 무당은 그에게 모든 얘기를 들었다. 무당은 그의 입 안에 손가
락을 넣어 만져 보더니 이윽고 손가락을 빼내고 외쳤다.

"어허, 한 생명의 목숨이 경각에 달했네! 네 입 속에 몹시 더러운
'아프리카 벌레'가 붙어 있어. 너는 이제 저주를 받은 거야! 그냥 놔
두면 곧장 죽어!"

그는 그 얘기를 말하면서도 공포에 휩싸여 양손으로 얼굴을 가
렸다.

그러자 아내가 그에게 물었다.

"정말 그런 게 있는 거예요?"

“그렇습니다, 선생님!”

“그럼, 그 무당이 고치는 방법도 잘 알고 있었을 텐데, 왜……?”

“자기는 할 수가 없어 병원에 찾아가서 의사에게 수술을 받아 빼내야 한답니다.”

연고나 가루약 따위밖에 없는 무당이 아프리카 벌레를 제거할 수는 없었을 것이었다. 그래서 그는 곧장 아내의 병원에 달려온 것이었다.

“그놈이 제 입술을 다 썩게 만들 거예요. 선생님!”

“어디 한번 살펴봅시다.”

“예, 선생님. 여기, 이 안쪽입니다.”

도로시는 손가락을 그의 입 안에 넣고 한참 동안 더듬어 보았다.

“어디에 있다는 거예요?”

“예! 바로 거기요!”

그가 도로시의 손가락을 입에 넣은 채 말한 것이어서 매우 명확하지는 않았지만 도로시는 무슨 말인지 곧장 알아들었다. 놀랍게도 그곳은 자신이 쓸데없는 조각을 잘라 내고 봉합한 곳이었다.

아내는 그 순간 이러한 상황이 어디서 비롯되고 무엇이 문제가 되고 있는지 곧장 눈치 챘다.

“그 전에는 이런 것을 발견하지 못했나요?”

“그럼요. 병원에서 수술 직후만 해도 이렇게 튀어나오지 않았고 말끔했어요.”

그는 다른 살보다도 조금 도드라진 부분을 혀로 핥으면서 대답했다. 그의 말에 의하면 그 안에 '아프리카 벌레'가 있다는 것이었다.

"그래서 맥은 그 벌레를 빼내고 싶단 말이죠?"

"제발 부탁입니다. 선생님, 저를 살려 주세요!"

도로시는 마취액을 그의 입술에 주사했다. 마취가 된 후 그녀는 수술을 해서 그 '아프리카 벌레'를 곧장 제거했다.

수술을 마치고 그녀는 아프리카 벌레를 그에게 보였다. 그것은 눈곱만큼이나 매우 작은 것이었다. 사실 도로시는 그를 마취만 했지 수술한 것은 아니었다. 그에게 보여 준 '아프리카 벌레'는 그녀가 평소 갖고 있던 어떤 나무의 몹시 작은 씨앗이었다.

"이게 아프리카 벌레입니까?"

아내는 미소를 지었다. 그는 그것을 한참 동안 뚫어지게 바라보았다. 그리고 빙그레 웃었다.

그가 일어섰다. 그 순간 그의 키는 전과 같이 아주 커 보였고 얼굴에 웃음이 가득한 채 도로시에게 공손히 인사하고 병원을 떠났다. 그의 목소리와 모습은 그가 처음으로 아내에게 수술을 받았던 때와 같았다.

이 이야기는 해피 앤드다. 그는 얼마 후 도로시에게 편지를 보내 왔다. 그는 어릴 적 소꿉친구와 결혼했다면서, '아프리카 벌레' 사건은 정말 바보 같은 일이었다고 솔직하게 아내에게 고백했다. 그

늠름한 30세의 청년은 아내에게 동봉한 사진에서 사랑스러운 부인과 함께 서서 행복하게 웃고 있었다.

당신의 아프리카 벌레

이 이야기는 매우 늠름하고 인품이 몹시 뛰어나고 교양 있는 한 젊은 남성이 어리석은 미신으로 자기 자신을 자칫 파멸시킬 뻔한 사건이었다. 이 사건을 통하여 우리들이 곰곰이 생각해 볼 만한 교훈이 담겨져 있다.

'아프리카 벌레'에 대한 그의 공포에 대해서 당신은 어떻게 생각하는가? 물론 그의 어리석음에 대해서 당신은 몹시 비웃을 것이다. 그러면 당신은 다음의 질문에 대답해 보라.

"당신이 만일 그라면, 똑같이 하지 않았겠는가?"

아마도 당신은 이렇게 대답할 것이다.

"내가요? 원, 천만에!"

당신은 이렇게 자신 있게 대답하겠지만, 그 말에 나는 '무슨 말씀을!' 하고 대답할 수밖에 없다. 우리는 모두 저마다의 '아프리카 벌레'를 가지고 있기 때문이다.

한번 곰곰이 생각해 보라. 지난 1년 동안, 당신은 자신에게 실제로 일어나지도 않은 비극이나 환난을 미리 걱정한 적이 없는가? 당신은 반드시 있을 것이다. 그렇다면, 역시 당신도 아프리카 벌레를 가지고 있는 것이다.

당신은 자신이 평소 너무 말이 많은 것이 아닌가 하고 매우 노심초사하지 않는가? 그리고 말솜씨가 너무 없다든지, 자신이 상대에게 말하는 데 몹시 조리가 없다든지 하는 이유로 자기 자신을 궁지에 몰아붙이지는 않는가?

당신이 그렇게 자꾸 자신을 자책하면, 주위의 모든 것에 신경을 써야 하기 때문에 말을 더 이상 못 하게 된다. 그럴 때 당신도 아프리카 벌레를 가지고 있는 것이다.

당신은 다른 일에는 전혀 관심이 없고 오직 계속 돈에만 관심이 있는 것은 아닌가? 자신의 저금통장을 펼쳐 들고 매우 좋아서 히죽거리거나 돈을 부둥켜안고 누가 혹시 빼앗아 가지나 않을까 걱정하는 사람은 아닌가? 그리고 돈을 쓸 때마다 자신이 가진 돈이 줄어든다고 몹시 슬퍼하지는 않는가? 그렇다면 당신은 역시 아프리카 벌레를 가지고 있는 것이다.

우리는 이렇게 여러 가지 생각 속에 숨어 있는 모든 아프리카 벌레를 끌어내어, 그 정체를 파헤치지 않으면 안 된다. 그것은 우리를 진정한 인간으로서의 위치에서 무참하게 끌어내리는 부정적인 고정관념이고, 우리의 자아상을 비뚤어지게 하는 매우 불쾌한 강박관념으로써 이것은 무서운 최면 효과가 있다. 그것들은 당신에게 반드시 실패를 가져온다. 따라서 우리는 그것들을 모두 없애기 위하여 큰 전투를 벌이지 않으면 안 된다.

실패의 구조를 과감하게 쳐부숴라

의학상으로 '자기발전 부정증후군' 이란 게 있다. 이러한 증상은 자신도 모르게 무의식중에 발동하여 자신의 진취성을 모두 꺾어 버리는 여러 가지 요인을 일컫는 말이다. 그것들은 자신의 진정한 실패의 요인이므로, 우리는 그 증후군을 매우 철저하게 다뤄야 할 필요가 있다.

인간에게 있어서 앞으로 나아가는 진취성이 그 사람이 목적한 성공을 가속시킬 수 있는 것처럼, 부정적인 요소는 사람을 패배의 나락으로 떨어뜨리는 큰 힘을 가졌다. 이것은 마치 급경사의 언덕 밑으로 굴러 떨어지는 바위처럼 가속도가 붙는 것이다.

욕구 불만 · 공격성 · 불안 · 우유부단 · 원한 · 공허감 · 실패… 이런 것들이 인간의 실패 구조의 여러 가지 요인이다. 매우 소름이 끼칠 정도로 무서운 이것들이 인간에게 과연 어떤 영향을 미치는가 하나씩 생각해 보자.

욕구 불만

사람들은 모두 저마다 소중한 목표를 달성하지 못했거나, 자신의 어떤 기본적인 욕구를 충족시키지 못했을 때 욕구 불만을 느낀다. 인간은 매우 불완전한 존재이고, 인간의 세계는 매우 복잡미묘한 곳이어서 누구나 때때로 욕구 불만에 빠지게 마련인 것이다.

그 문제가 되는 것은 만성적인 욕구 불만이다. 그것은 사람을 어느 일에서나 실패하도록 만드는 요인으로 반드시 작용하여 나락의 지름길로 곧장 인도하기 때문이다.

당신이 요즘 웬일인지 자주 짜증이 나고 불만에 가득 차 있다면, 한번 자신을 곰곰이 생각해 보라. 혹시 당신은 만성적인 욕구 불만에 빠진 것은 아닐까?

그렇다면 자기 자신에게 그 이유를 물어보자. 자신이 정한 목표가 너무 높은 곳에 있지는 않은가? 그리고 너무 심한 자기 비판으로 목표 달성을 스스로 억제하고 있는 것은 아닌가? 자신이 욕구 불만에 놓여 있을 때, 유아기의 감정을 갖게 되는 것은 아닌가?

욕구 불만은 자신이 날뛴다고 해서 결코 해소되지 않는다. 동작이 서툰 어린애라면 몰라도 성인인 경우에도 그럴 수는 없다. 불평 불만을 마음에 항상 품고 있으면 문제는 점점 어려워지는 것이다. 그런 경우, 과거에 그 어떤 목표를 달성했던 자신의 사례에서 그 해결점을 찾아라. 그래야 당신의 삶을 크게 발전시켜 나갈 수 있다.

공격성

욕구 불만은 사람을 저마다 공격적으로 만든다. 물론 방향이 바르다면 공격성은 결코 나쁜 것만은 아니다. 자신이 정한 목표를 달성하기 위해서는 공격성이 반드시 필요하기도 한 것이다. 그러나 그 방향이 잘못된 공격은 자신의 욕구 불만을 유발하며 패배의 악순환을 만든다. 그것은 명백한 실패의 징후이며 자신이 매우 적당하지 못한 목표를 설정했기 때문이다.

어떤 사람이 공격적일 때, 그 방향을 잘못 잡으면 아무것에게나 덤벼드는 미친개나 마치 어둠 속에서 갑자기 튀어나오는 불꽃처럼 매우 광포한 행동을 저지르게 된다. 욕구 불만과 이러한 공격의 악순환에 빠진 사람들은 아무 죄 없는 주위 사람들을 표적으로 삼게 된다. 아무런 이유 없이 함부로 주먹을 휘두르고 애들을 야단치며, 친구를 모함하고, 직장의 동료들과 원수가 된다. 일상 생활에서 사람들과의 관계가 매우 악화되면서 욕구 불만은 더욱더 더해 가고, 그에 따라 자신은 마침내 분별 없는 행동을 하게 되는 것이다.

이 같은 악순환의 종말은 결국 어떻게 되는가? 그것은 오직 비극뿐인 것이다.

그렇다면 어떻게 슬기롭게 대처해야 하는가? 그런 성질을 긍정적이고 바람직한 방향으로 이용하면 되는 것이다. 곧 자신의 욕구 불만을 해소할 수 있는 일, 자신이 만족감을 가져올 수 있는 일에 공격성을 유감없이 발휘하여 마침내 성공에 도달하자는 것이다.

불 안

불안하다는 감정은 정서가 매우 조화를 이루지 못해서 생기는 것이다. 자신이 세운 목표를 달성하지 못할 것 같을 때, 곧 불안을 느끼게 되는 것이다. 그러나 그런 현상은 당신의 자질이 몹시 모자라기 때문에 생기는 것이 아니고, 자신이 목표의 수준을 너무 높이 잡았기 때문에 일어나는 것이다. 어떤 일을 하기 전에 망설이면서 불안을 느끼는 사람들 가운데 몹시 유능한 사람이 많은데, 그들은 자신이 실현 불가능한 것에 기대를 잔뜩 품고 생활하며, 항상 자기 자신을 비판하는 경향이 있다. 그들이 쉽게 저지르는 실패는, 자신이 정말로 능력이 모자란다고 의심하니까 곧장 마음이 불안해지는 것이고, 그래서 실패를 스스로 초래하는 것이다.

🌳 우유부단

이것은 어떤 중요한 결정을 내려야 하는 순간인데 끝없이 망설이는 경우이다. 자신이 확신이 없으므로 어떤 결정 같은 것은 무조건 하지 않아야 안전하다고 믿고 있는 것이다. 어느 날 그는 우연히 찬스를 잡았는데, 그것이 잘못된 찬스임을 비로소 알았을 때 사람들로부터 받는 비판에는 오히려 안심한다. 그리고 예상과는 반대로 자신의 불리한 결과에도 안심한다.

이런 유형의 사람들은 곧 자기를 안전하다고 믿고 있는 것이다. 그래서 자신의 잘못을 쉽게 찾아낼 수가 없다. 어떤 일에 중요한 결정이 필요한 때, 그는 그것을 생활 문제의 결정처럼 간단하게 생각해 버린다. 만일 그때 자신이 선택을 잘못하면 그 자신을 스스로 망치는 것으로 알고 매우 무서워한다. 그래서 그는 사소한 결정을 하는 데 오랫동안 망설이며, 자신의 귀중한 시간을 줄곧 걱정으로 보낸다. 그리고 겨우 마음을 결정했을 때, 그 결정은 이미 비뚤어진 것이 되고 실패를 불러오기 쉽다. 자신이 하는 일에 확신이 서지 않는 사람들은 어떤 일에나 몸으로 뛰어드는 것을 매우 겁내고, 그저 발만 내밀다 말기 때문에 충실한 생활을 누릴 수가 없는 것이다.

원 한

실패형의 인간이 자기가 살아가는 방법에 대해 상대에게 변명하려고 할 때, 그것은 밖으로는 곧장 '원한' 으로 나타난다.

그는 실패의 고통을 참지 못하기 때문에 자책의 침을 찌를 대상을 스스로 찾고 있는 것이다. 그는 자신의 인생이 자신을 속이고 있다는 증거를 여러 곳에서 발견했기 때문에 주위의 모든 사람들에게 원한을 품지만, 사실은 자기 자신을 속이고 있다는 사실을 모르고 있다.

그러나 그의 원한은 바로 실패를 불러오는 것이 아니고, 오히려 욕구 불만이나 그 방향이 추구하는 잘못된 공격과 함께 악순환을 만든다. 언제나 자신이 하는 일마다 불평을 터뜨리고 원한을 품은 사람들은 마침내 다른 사람들의 반감을 사고 결국은 마침내 증오의 연쇄 반응을 일으키게 되는 것이다.

다른 사람은 당신의 부정직함을 매우 싫어하고 항상 적의를 품고 있으므로 자기 연민을 경멸한다. 그런데 당신의 만성적인 원한은 마침내 그 사람을 자기 연민으로 이끈다. 왜냐하면 자신이 원망하고 싶어하는 사람은 마치 자기가 어떤 잘못된 행위나 나쁜 존재에 의해 자신이 희생당한 사람으로 여겨지기 때문이다.

'나는 다른 사람들 때문에 내 희망을 결코 펼 수 없었다.'

그는 이렇게 항상 나쁘게 생각하면서 더욱더 자기 자신을 가엾게 여기고 더욱더 열등감을 품으면서 자기 자신을 몹시 미워하고, 다른 사람들의 모든 일과 세상을 원망하게 된다. 그는 자신의 그러한 나쁜 감정이 실패의 요소를 더욱 굳히고 있다는 사실을 모르고 있다.

자신의 모든 행위와 자신이 세운 목표 설정에 책임을 지고, 항상 올바른 방향으로 목표를 잡아 공격성을 적극적으로 발휘할 때만이 실패의 악순환을 무너뜨릴 수가 있다. 항상 자기 자신을 존중하고, 자기 자신의 참다운 실상을 구축할 때만이 그 실패 구조의 기본적인 요소의 하나인 원한과 사고의 악습을 타파할 수 있다.

공허감

당신은 이러한 사람들을 알고 있는가?

그가 누가 보더라도 확실히 성공했다고 보이는데 항상 욕구 불만과 원한이 가득하고, 확신이 없으면서 매우 불안하고 고독하며 거침없이 공격적인 사람들, 그런 사람은 자신의 진정한 성공의 바탕을 갖추지 않은 상태에서 성공했기 때문에 그런 '성공'은 결코 진실된 성공이 아닌 것이다.

겉으로는 그들은 성공하고 있는 것처럼 남들에게 보인다. 그러나 그들의 마음속은 항상 공허감으로 가득 차 있을 것이다. 그것은 그 실패 구조가 마음속에 남아 있는 그들의 진실하지 못한 성공으로 인해 자신의 창조적인 생활의 내용이 매우 결핍되어 있기 때문이다.

그들은 돈을 벌어도 무엇을 해야 할지 잘 모른다. 비록 전국을 방방곡곡 여행을 다녀도 공허감에서 항상 벗어날 수가 없다. 그들은 뉴욕이나 파리에서도 또한 허무함을 느낀다. 아마도 그는 비록 화성에 간다고 해도 매우 허무할 것이다.

그들은 마침내 자신의 창조적인 목적 달성을 포기한 것이다. 항상 일을 회피하고 자신의 책임을 떠난 것이다. 아침에 일어나 태양을 바라보며, 그 날 하루를 어떻게 즐겁게 보낼 수 있을 것인가 궁리해 보지도 않는다. 그 대신 남아도는 시간을 어떻게 죽일 것인가를 항상 고민한다.

공허감은 약한 자아상의 상징이다. 비록 성공을 했다 하더라도 마음에 공허감을 품은 사람은, 마치 자신이 가질 권리가 없는 것을 훔쳐 낸 범죄자와 같은 기분이 된다. 그래서 항상 죄의식을 느끼고 창조적인 기능을 단호하게 거절하므로 성공의 길을 스스로 실패로 이끈다. 그의 공허감은 언제나 그의 마음속에 항상 깊이 숨어 있는 실패 구조의 종합 작용을 모두 상징하고 있다.

그렇다면 어떻게 그 강력한 '적'을 극복할 수가 있겠는가를 자세히 알아보자.

🌲 실패는 성공의 밑거름이다

'실패의 구조'라는 그 강력한 적과의 싸움에서 당신이 승리를 거두기 위해 당신은 우선 맨 먼저 상대방의 가면을 벗겨 버리지 않으면 안 된다. 누가 보더라도 그럴 듯한 이유나 언뜻 보아 논리적인 사고가 실패 구조의 기능을 점차 침식하고 있을지도 모르며, 만약 그렇다면 당신은 이 싸움에서 곧장 패배할 것이다.

당신은 자신의 잘못된 관념을 때려부수기 위해 '포병'에게 발포를 명령하지 않으면 안 된다. 그 욕구 불만에 기인한 공격이나 원한의 방향을 바로잡아 자신의 고독감이나 공허감을 견뎌 내는 방법을 찾지 않으면 안 된다.

나는 다시 한 번 다음과 같은 점을 분명히 해 두고 싶다.

'실패하는 것은 그 실패 구조의 작용 때문은 결코 아니다.'

당신이 어떤 행동이나 계획에서 실패를 저지르는 것은 당신이 인간일 뿐 신이 아니라는 증거에 불과하다.

나는 단호하게 단언한다. 만약 당신이 이제까지 한 번도 실패한 적이 없다면 당신은 앞으로 어떠한 행동이나 계획에도 진실로 도전한 일이 없었을 것이다.

로마의 철학자 세네카는 다음과 같이 말했다.

"만일 당신이 남자라면 큰일을 하려는 자들을 칭찬해야 할 것이다. 설사 그들이 비록 실패했다고 해도……."

토머스 에디슨은 실패자일까? 물론 아니다. 이렇게 생각하는 것만으로도 바보 같은 일이다. 그러나 사실 그는 수많은 실패를 거듭하였다. 그 수많은 실패가 그를 훌륭한 발명가로 이끈 것이다. 에디슨은 실패에서 많은 것을 배웠고 그 실패의 터전 위에 당당히 성공을 세운 것이다.

발명은 곧 실패하는 데에서 반드시 이루어진다. 실패의 체험이 없는 곳에는 결코 어떤 창조도 없는 것이다.

이것은 우리가 인생에서 배운 큰 교훈을 요약한 것이다. 어떤 사물의 판단이나 응용에 있어서 실패나 실수는 당신이 인생에 대한 애착을 버리지 않는 한 결코 피할 수 없는 것이다.

성공의 비결은 그 실패를 훌륭한 기회로 삼아서 그것을 견뎌 나가는 데 있다.

결코 자신의 실수를 탄식하지 말고, 잘못을 범하기 쉬운 자신의 인간성을 깨우치는 것이 중요한 열쇠가 되는 것이다. 거기서 당신은 죄의식에서 과감하게 벗어나 용감하게 사회에 발을 내디디고 가장 강한 자기 자신을 바라보며, 자신의 뚜렷한 목적을 설정하고, 당신의 성공의 본능을 인생의 게임에서 스스로 마음껏 활용할 수 있게 되어야 한다.

이러한 원칙은 당신이 새로운 것에 도전할 때에 곧 응용된다. 무엇을 시도해 볼 때 당신은 반드시 잘못을 범한다. 그 잘못에만 매달리지 말고 오직 그 실수를 솔직히 인정하며, 그런 실수를 최소한으로 줄이고, 자기 자신에 대해 관대해지는 것을 배워야 한다. 그렇지 않으면 당신은 자신의 시도를 스스로 억눌러 용기를 마침내 잃게 된다.

🌳 사람은 누구나 실패하고 패배한다

매일 당신을 곧잘 쪼그라들게 만드는 부정적인 관념을 음미하는가? 그리고 당신은 마음속으로 자신을 바보라고 생각하는가? 자신이 싫다는 강박관념에 사로잡혀 있는가? 자신이 매우 약하고 틀렸다고 여기는가? 그리고 남자답지 않은가? 아니면 여자답지 않은가? 또한 훌륭한 것을 가질 자격이 없다고 생각하는가?

이러한 모든 것들은 당신의 자학적인 관념의 극히 일부분에 지나지 않는다.

부정적인 관념이 당신 자신에게 얼마나 많은 상처를 주고 있는지 모른다. 당신은 당신 자신을 위해 부정적 관념을 과감하게 몰아내 이러한 자멸적인 사고에 대하여 깊이 생각하고, 그것에 대하여 우리가 할 수 있는 것을 알아보자. 왜냐하면 당신의 사고는 매우 불합리한 것이 분명하기 때문이다.

이제까지 불합리한 사고는 역사를 통하여 맹위를 떨쳐 왔다. 점술사·연금술사·골드 러시·유령… 그리고 역사를 통해 피로 물들인 참혹한 전쟁에 대해서는 말할 것도 없을 것이다. 지구상에는 오랫동안 여성을 '마녀'로 생각하는 미신이 계속됐다. 유럽에서는 마녀가 화형에 처해져서 마침내 억울한 죽음을 당했다. 프랑스의 잔다르크도 마녀로서 처형었고, 미국에서도 많은 마녀가 죽음을 당한 부끄러운 에피소드가 여러 번 있었다.

당신 자신에 대해 면밀히 조사할 때 당신은 불공평한 입장을 취해서는 안 된다.

만일 당신이 당신 자신을 '바보'라고 몹시 채찍질한다면, 이 책임을 과연 누가 져야 하는가? 당신은 세상을 살면서 아마도 자신이 현명치 못하다고 여길 때가 많을 것이다. 지금까지 한 번도 현명했던 일이 없었는가? 그리고 남보다 재빨랐던 일도 전혀 없었는가? 그리고 이지적이었던 것도 전혀 없었는가?

당신의 자기 비판은 자신의 손발을 스스로 묶는 것과 같은 것이다. 자신에게 도저히 성공할 권리가 없는 것으로 알며, 자신의 자질이 매우 모자란다고 굳게 믿는 것이 곧 당신을 실패하게 만드는 것이다.

당신을 괴롭히는 '아프리카 벌레'를 알아보자. 그의 입 안에 있던 상처 자국처럼 실제로는 매우 작은 낱알에 지나지 않을지도 모른다. 그러나 이것들을 당신이 크게 부풀려서 자책해야 하는가? 아니다. 그것은 매우 불합리한 잘못된 생각이다.

세상에는 매우 강한 사람에게도 약점이 있고, 약한 사람에게도 강한 곳이 있다. IQ가 100도 안 되는 사람들도 꽤 우수한 지식을 가지고 있는 수가 있다. 여성에게는 우정이 몹시 두텁고 호감이 가는 사람이 많다. 육체적인 장애가 있는 사람은 동정심이 매우 많다. 정서적으로 몹시 불안정한 사람 중에서 훌륭한 재능을 가진 인물도 얼마든지 있다. 대부분의 말더듬이들도 어렸을 때는 결코 더듬지 않았다고 한다. 범죄자들 또한 누군가가 따뜻한 구제의 손길을 뻗치면 사회의 책임 있는 구성원이 될 수 있다.

인간은 회색일 뿐 검은 것도 흰 것도 아니다. 그러나 부정적인 관념을 항상 가지면 당신은 자신에게 둘 중의 하나만을 선택하라고 강요하게 된다. 그것이 당신 자신을 마침내 불행하게 만들고, 곧 경멸하고 거절하게 만드는 것이다.

사람은 누구나 때로는 패배한다. 존 루이스는 오랫동안 헤비급 챔피언의 자리를 누리고 있었다. 그는 자신의 강함을 세상에 뽐내는 힘의 상징이었다. 그러나 그가 복싱을 처음 시작했을 때만 해도 무명의 아마추어 선수와 한 시합에서 무려 아홉 번이나 다운을 당했다.

지금 당신은 당신 자신에 대한 부정적인 관념에 대한 조사를 했고, 그것들을 적당히 축소시키는 과정에 들어가 있는데, 이것들을 모두 없애 버릴 수는 없는 것일까? 부정적인 관념을 버릴 수가 없다면, 적어도 당신이 자신을 인식하며 생활할 정도는 되어야 할 것이다.

당신이 정말로 남들에게 자랑할 수 있는 성공을 마음속에 다시 한번 그려 보라.

당신의 마음을 성공상成功像으로 가득 채우고 그것을 지그시 바라보면서, 그 향기를 맡고, 그것을 인식하고 꽉 붙들어 가슴에 간직하자. 이때 비판적인 생각이 엄습해 온다면 그것을 곧장 떨쳐 버리고, 다시 자아상과 함께 당신의 성공상을 바라보자.

창조적으로 생활하기 위해 당신은 마음속의 싸움에 결코 이기지 않으면 안 되며, 그리고 포기해서는 더욱 안 된다. 싸움에 결코 이기지 않으면 안 되며, 포기해서는 더욱 안 된다. 싸움을 통해 당신의 기회를 잡으면 당신은 반드시 이긴다.

당신 자신에게 이렇게 들려 주라.

"과거를 돌아보되 실패를 보지 말고, 자신이 성공했던 사실에 정신을 집중하자. 나는 내 인생에 있어서 훌륭한 것을 반드시 가질 자격이 있는 인간이다. 나는 내 배의 선장이다. 그렇기 때문에 나는 내 마음의 방향의 키를 생산적인 목표를 향하여 계속 잡아야 한다."

항상 성공을 지향하는 습관이 당신의 일부가 되도록 당신에게 최면술을 걸어라. 그래서 마침내 그것이 습관처럼 하나의 자기 최면의 모양이 될 때까지 반드시 매일 자신의 성공 본능의 일을 재개시키자.

자신의 부정적인 관념을 추방하기 위해서, 또 고독의 뿌리까지 없애 버리기 위해 있는 온 힘을 다하자. 그것은 결코 쉬운 일은 아니다. 그러나 당신은 반드시 할 수 있다.

만일 당신의 마음에 부정적인 관념의 뿌리가 몹시 깊으면 싸움은 약간 불리하게 될 것이다. 그러나 당신은 반드시 승리를 얻기 위해 그것과 격전을 벌이지 않으면 안 된다. 왜냐하면 그것은 승리할 가치가 있는 싸움이기 때문이다. 마침내 승리하면 당신은 생활을 창조적으로 항상 즐겁게 보낼 수 있다.

당신은 육체적인 온갖 장애를 물리치고 윤택한 생활을 영위하는 '윙기'의 이야기를 읽었다. 그녀의 일을 항상 머리에 떠올리고 그녀처럼 성공에 대한 굳건한 신념을 견고히 갖자.

당신의 강화된 자아상은 당신을 반드시 바른 길로 인도하게 하고, 나아가 당신을 한껏 고무시켜 줄 것이다.

어떤 일이 있어도 당신 자신을 굳게 믿자. 그것이 최고의 기준이다.

자신의 피로와 고민을 물리치는 방법

05

부하 직원들을 대리화·조직화하여 지휘하는 방법을 배우지 않은 사람은 50세나 60세 초기에 긴장과 온갖 고민으로 인한 심장병으로 어느 날 갑작스런 죽음을 면치 못할 것이다.

책상엔 당장 필요한 서류만 놓아라

어느 날 시카고의 북서쪽 철도회사의 로랜드 윌리엄 사장은 이렇게 말했다.

"어떤 사람의 책상 위를 정리해 놓은 모습을 살펴보면, 여러 가지 서류를 산더미처럼 쌓아 놓은 사람이 많다. 그러나 그 서류들이 지금 당장 필요치 않은 것이라면 정리해 두는 것이 일처리를 더욱 쉽게 하고 정확하게 판단할 수 있는 지름길이란 것을 알아야 한다. 이것이야말로 매우 능률을 올리는 첫 걸음인 것이다."

워싱턴 국회도서관의 천장에는 포프의 시 한 구절이 새겨져 있다.

'질서는 하늘의 제1 법칙이다.'

사업 또한 하늘의 아래 있으니, 질서가 사업의 제1 법칙인 것은 매우 분명하다. 그러나 대부분의 회사원의 책상 위에는 몇 주일씩이나 들춰 보지도 않은 듯한 서류가 여기저기 흩어져 있다. 그리고 적당한 날짜를 잡아 정리하면 몇 년 전에 잃었던 물건들이 그곳에서 튀어나올 정도다.

답장을 보내지 않은 편지, 그리고 각종 보고서, 메모 따위로 여기저기 흩어져 있는 책상은 보기만 해도 혼란과 긴장과 고민을 일으키기에 충분한 것이다. 그러나 그 이상으로 나쁜 것이 있다. 온갖 핑계로 '하지 않으면 안 될 잡다한 일'과 '그것을 할 시간이 없다는 것' 인데, 이것은 우리를 계속해서 긴장과 피로 속으로 몰아넣을 뿐만 아니라, 마침내 고혈압·심장병·위암으로 발전시키는 것이다.

펜실베이니아 대학교의 존스 스토크 의과대학 교수는 어느 날 노이로제에 대한 자신이 연구 결과를 발표했는데, 그는 제1 항목을 다음과 같이 말하고 있다.

"하지 않으면 안 된다는 강박관념, 의무감, 그렇게 하지 않고는 못 견디는 언제 끝날 줄 모르는 긴장."

자신의 책상을 잘 정돈하고 어떤 일에 결단을 내리는, 그런 기본적인 방법으로써도 고혈압이라든가 의무감, 긴장감 등을 모두 방지할 수가 있을 것이다.

정신병리학자 윌리엄 사드러 박사는 이 간단한 방법으로 신경쇠약을 사전에 예방할 수 있었던 한 환자의 이야기를 나에게 들려 주었다.

그 환자는 시카고에 있는 어느 대기업의 중역이었는데, 스트레스와 신경과민으로 매우 고민하고 있었다. 박사가 보기에도 그는 금방 고꾸라질 지경이면서도 그는 일을 결코 놓을 수 없는 형편이었기에 그에게 도움을 받으러 온 것이었다.

그 사람이 박사와 상담하고 있을 때 갑자기 전화벨이 울렸다. 박사는 전화를 받고 그 용건을 즉석에서 곧장 처리했다. 그것이 그의 치료 방침이었던 것이다. 그런데 이때 바로 또 전화가 걸려 왔다. 그 전화는 매우 긴급을 요구하는 문제였으므로 한참 동안 상대와 이야기를 나누었다. 그러고는 또 방해자가 나타났다. 중태에 빠진 환자 때문에 박사의 동료 의사가 그를 찾아온 것이었다. 그는 그와 용건을 끝내고, 손님에게 오래 기다리게 해서 미안하다고 말했다. 그런데 이때 그 중역 환자는 명랑한 얼굴로 대답했다.

"천만에요. 괜찮습니다, 선생님, 여기 와 있는 20분 동안 저는 참으로 선생님께 많은 것을 배운 것 같습니다. 제가 사무실에 돌아가면 이제부터 제 습관을 완전히 바꾸겠습니다. 그런데 선생님, 실례의 말씀입니다만, 선생님의 책상 속을 좀 볼 수 있을까요?

박사는 쾌히 승낙하고 책상의 서랍을 열어 그에게 보였다. 그런데 그 속은 텅 비어 있었다.

"선생님, 처리하지 않은 서류는 모두 어디에 두십니까?"

"그런 건 하나도 없습니다. 나는 받은 즉시 모두 처리하지요."

"그럼 선생님께서 답장을 보내지 않은 편지는요?"

"한 통도 없습니다. 나는 편지를 받으면 곧장 상대에게 회답을 보냅니다."

그로부터 6주일 후, 어느 날 그는 사드러 박사를 그의 사무실로 초대했다. 그런데 그는 전과 같지 않았다. 책상 위도 매우 깨끗하게 정돈되어 있었고, 책상 서랍 속에는 처리되지 않은 서류가 하나도 없었다.

이때 그는 이렇게 말했다.

"6주일 전만 해도, 저는 두 개의 사무실에 세 개의 책상을 쓰고 있었습니다. 계속해서 일이 밀려들어 책상은 온통 처리하지 않은 서류로 가득 쌓여 있었죠. 그런데 선생님을 만난 뒤에 회사에 돌아와서는 보고서나 오래된 서류를 모두 깨끗이 치워 버렸습니다. 저는 이제 제 책상 위에 언제나 한 가지 서류만 두고 일을 하며, 새로운 서류가 오면 곧 처리해 버리곤 해서 처리되지 않은 일로 짜증을 내거나 긴장하거나 고민하는 일이 전혀 없게 되었습니다. 그리고 가장 놀라운 것은 제 병이 완전히 회복되었다는 사실입니다."

미국 대법원장을 역임한 찰스 에반스 휴스는 이렇게 말했다.

"인간은 과로가 원인이 되어 결코 죽지는 않는다. 쓸데없는 낭비와 여러 가지 고민이야말로 곧 죽음의 원인인 것이다."

그렇다. 자신의 정력을 함부로 낭비하고 일에 대해 매우 고민하기 때문에 곧 죽음이 그에게 찾아오는 것이다.

먼저 가장 중요한 일부터 처리하라

시티스 서비스 회사 창립자인 헨리 도티는 어느 날 자신에게는 남들에게 드문 두 가지 능력이 있다고 말했다. 그것은 생각하는 능력과 일의 중요도에 따라 일을 처리해 가는 능력이었다.

맨손으로 출발한 지 11년 후 펩소던트 회사의 사장으로 출세한 찰스 럭맨은 그 두 가지의 자신의 능력을 계발해서 크게 성공했다고 말했다.

"나는 오래전부터 아침 5시면 잠자리에서 일어납니다. 하루 중 이른 아침에 깊고 정확한 사고를 잘 할 수 있도록 반드시 하루의 계획을 세웁니다."

보험설계사로 성공한 프랭클린 베트거는 하루의 계획을 세우는 데 아침 5시까지도 기다리지 않는다. 그는 전날 밤에 그 이튿날에 판매할 보험의 액수를 스스로 결정한다. 만일 그 날 목표에 미달되면 그는 그 잔액을 다음날의 목표액에 부가하는 것이다.

반드시 모든 일을 자신의 중요도에 따라 처리할 수는 없다. 그러나 가장 중요한 일을 맨 먼저 한다는 계획은 아무런 계획이 없는 것보다 훨씬 좋은 결과를 당신에게 가져온다.

조지 버나드 소는 '맨 처음 일을 맨 먼저 할 것.' 을 항상 그의 엄중한 생활 규칙으로 삼았던 작가다. 그는 그렇지 않았다면, 아마 일생 동안 은행의 출납계원으로 일했을지도 모른다.

그의 계획은 매일 다섯 장씩 글을 쓰는 것이었다. 그는 그 계획에 따라 9년 동안 매일 5장씩 계속해서 썼다. 그리고 마침내 작가로서 크게 성공한 것이다.

여기에서 명심할 것은 무인도에 표류한 로빈슨 크루소도 그날그날의 자신의 계획을 매우 꼼꼼하게 세웠다는 사실이다.

문제는 그 자리에서 곧장 해결하라

지금은 세상을 떠난 고인이 되었지만, 내 제자였던 H. P. 하우엘은 어느 날 나에게 이런 이야기를 한 적이 있었다.

그가 강철회사의 이사로 재직하고 있을 때, 이사회는 일단 열렸다 하면 며칠씩 걸리는 것으로 꽤 유명했다. 그런데도 그 회의에서 하루에 결의되는 것은 겨우 몇 개의 안건밖에 되지 않았다. 그래서 하우엘을 비롯한 회사의 여러 이사들은 집에 돌아갈 때도 두껍고 수많은 보고서를 가지고 가서 밤새도록 살피지 않으면 안 되었다.

하나의 안건이 이사 회의에 상정되면 그때마다 이사들로부터 수많은 의견이 쏟아져 나왔다. 사람마다 생각하는 것도 다르고 판단하는 기준도 다르기 때문이지만, 그것은 회사의 발전을 위해서 반드시 필요한 일이었다. 어떤 제품 판매가 회의의 안건에 올랐을 때 그 시장성이라든가 판매 부진의 가능성 등을 다각도로 검토하고 짚고 넘어가지 않으면 안 되기 때문이다.

가장 문제가 되는 것은, 여러 사람들의 수많은 의견 가운데서도 지배적인 의견 도출이 안 될 때였다. 여러 가지 소수 의견이 팽팽하게 맞서거나 두 가지 의견이 맞설 경우, 그들은 그 결정을 뒤로 미뤘다. 서로 간에 냉각 기간을 가진 다음 다시 의논해 보자는 의도였다.

그러나 맨 뒤로 미루는 안건이 하나둘씩 자꾸만 늘어가자 시간은 더욱더 늘어지기만 했다. 누가 보아도 그런 방식은 너무 비효율적이었다.

그렇게 상황을 판단한 하우엘은 이사들에게 이렇게 제안했다. 한 번에 한 안건만 회의에 상정시키고, 그 안건을 통과시키든 부결시키든 간에, 뒤로 미루지 말고 반드시 처리한 후에 다음 안건으로 넘어가자고 제안했었다. 왜냐하면 맨 뒤로 미루었다가 다시 토론에 들어갔을 때, 여전히 의견이 팽팽히 맞서는, 처음 논의할 때와 똑같은 상황이 되풀이되었기 때문이었다.

어떻게든 주어진 안건에 대해 반드시 매듭을 짓고 넘어가자는 결정의 결과는 매우 놀라웠다. 행사의 예정표는 깨끗이 정리되고 일정표는 매우 깨끗해졌다. 그리고 다시는 이사회가 며칠씩 계속되는 일도 없어졌다. 이러한 방법은 우리 모두에게도 매우 좋은 법칙이 된다.

　성공한 사람들의 행동 습관

대통령은 한가해야 한다

사업가뿐만 아니라 조직의 중간 관리자 이상의 사람들 중에는 자신의 직무를 다른 사람에게 대행시킬 줄 모르고, 오직 자기 스스로 혼자의 힘으로 강행하려 하다가 비참하게 요절하고 마는 사람이 우리들 주위에 많다.

그런 사람들은 대부분 능력이 매우 뛰어나다. 그들은 일이 주어지면 어떤 방식으로든 해결 방법을 찾고, 꼬박 밤을 새워서라도 그 일을 막고 품어 반드시 완수하는 것이다. 그래서 그들은 항상 자신감에 가득 차 있고, 조직으로부터 자신의 능력을 한껏 인정받으며 계속해서 출세의 가도를 달린다.

사람들에게 인정받고 출세하는 것은 매우 좋은 일이다. 그러나 그 내면을 유심히 살펴보면 무조건 흐뭇해할 만한 일은 결코 아니다. 부하 직원을 시키면 불안하거나, 부하 직원이 하는 꼴을 보고 있노라니 그는 매우 답답하고 속이 타서 자신이 직접 팔을 걷어붙이고 나서는 사람이 있는가 하면, 일을 시킨 부하 직원이 그 일에 익숙해지면 나중에 자신이 할 일을 빼앗길까 봐 걱정하는 그런 사람들이 우리들 주위에 적지 않다.

어떤 경우든 생존 전략의 차원이기에 무조건 나쁘다고 할 수만은 없지만, 그것은 매우 어리석은 일이다. 하나만 알고 둘은 모르는 행위이며, 이것은 마치 코앞만 보고 멀리 내다보지 못하는 근시안적인 전략인 것이다. 왜냐하면 자신이 항상 일을 도맡아 처리하면 부하 직원은 일을 배울 기회가 없기 때문이다. 계속해서 자신이 스스로 항상 일에 시달려야 하고, 그때까지 더듬거리던 부하 직원도 언젠가는 업무에 익숙해져 상사의 할 일을 빼앗는 극한 상황이 올 수밖에 없기 때문이다.

그들 중에는 의외로 일에 대한 중독증 환자가 많다. 자신에게 일이 주어지지 않으면 조직이 자신을 불신하는 것 같고, 일을 하고 있지 않으면 조직으로부터 인정받지 못한 것 같으며, 일을 열심히 하지 않으면 여러 가지 생각과 그에 따른 새로운 고민 때문에 생기는 온갖 불안감이 엄습해 오기 때문이다.

그러나 곰곰이 생각해 보자. 당신은 결코 일을 하기 위해 사는 것이 아니다. 살기 위해, 그것도 매우 만족스럽게 살기 위해 당신은 일을 하는 것이다. 그렇게 모든 일에 전전긍긍하면서 사는 것은 당신에게 결국 만족스러운 삶을 가져다주지 못하기 때문이다.

그보다는 자신의 일을 믿고 그 일을 맡길 사람들을 찾고, 그들을 잘 엮어서 든든한 체제를 갖춘 다음, 그 체제를 잘 이끌고 나가는 데 신경을 쓰는 전략을 하루빨리 갖추는 것이 매우 바람직하다. 그게 관리자로서 마땅히 해야 할 일이고, 그런 일을 잘해야 조직에서 진정으로 인정받을 수 있으며, 그래야 당신도 매우 만족스러운 자신의 인생을 즐길 수 있는 것이다. 세부적인 일은 장관들에게 시키고 대통령은 느긋하게 큰 전략을 구상하는 것이 매우 바람직하며, 도대체 왕이 있는 건지 없는 건지 백성들이 느끼지 못하는 세상이 좋은 것과 비슷한 이치다.

부하 직원들을 대리화·조직화하여 지휘하는 방법을 배우지 않은 사람은 50세나 60세 초기에 긴장과 온갖 고민으로 인한 심장병으로 어느 날 갑작스런 죽음을 면치 못할 것이다. 당신은 그러한 사례를 일간 신문을 통해서 수없이 목격하고 있지 않는가?

남편보다 남자친구가 더 좋은 이유

어느 날 저녁, 아리스는 몹시 피곤한 몸을 이끌고 간신히 집으로 돌아왔다. 그녀는 몹시 지쳐서 두통도 나고 등도 아팠다. 그녀는 저녁 식사도 하고 싶지 않아 곧장 침대로 갔다. 그녀가 잠을 자려고 하는데 어머니가 몹시 간청을 하는 바람에 간신히 몸을 추스르고 식탁 앞에 앉았다. 그때 갑자기 전화벨이 울렸다. 그것은 아리스의 남자친구로부터 온, 무도회 초대의 전화였다. 그 순간 그녀의 눈동자는 별처럼 빛났고, 그녀의 몸과 마음은 나는 새처럼 몹시 가벼워졌다.

그녀는 2층까지 단숨에 뛰어올라가 푸른 야회복으로 갈아입고 곧장 무도회에 나갔다. 그녀는 새벽 3시까지 그곳에서 춤을 추고 집에 돌아왔지만 결코 조금도 피곤하지 않았다. 오히려 그녀는 너무나 즐거워서 잠이 오지 않았다.

정말 아리스는 8시간 전에 피곤했었던가? 그때는 극심한 피로로 몹시 지쳐 있었다. 그리고 자기 일이 몹시 지긋지긋했다. 심지어 자신의 인생 자체에 대해서 몹시 싫증을 느꼈을 것이다. 그런데 겨우 몇 시간 후 그렇게 뒤바뀐 것이다.

1943년 7월, 어느 날 캐나다의 국방부에서는 캐나다 산악회에 등산 가이드 몇 명을 추천해 달라고 부탁했다. 그것은 특수 부대원의 등산 훈련에 그들이 필요했기 때문이었다. 그렇게 해서 선발된 가이드는 40~49세의 노련한 산악인들이었다.

그들은 젊고 건강한 군인들을 인솔하여 빙하를 건너고 설원을 횡단했는가 하면, 40피트 높이의 절벽을 올랐고 마침내 산봉우리에 올라갔다. 이것은 무려 15시간에 걸친 등반이었다. 그러자 매우 원기 왕성하던 군인들도 완전히 지치고 말았다.

그들은 몹시 피로하여 식사도 안 하고 곧장 쓰러져 잠드는 군인들도 적지 않았다. 그런데 그들보다 훨씬 연장자인 가이드들은 이때 어땠을까? 물론 그들도 피곤해서 몹시 지쳤다. 그러나 매우 놀라운 일은 그들 중에서 젊은 군인들처럼 완전히 지친 사람은 하나도 없었다. 가이드들은 저녁밥을 먹고는, 완전히 퍼져서 누워 자는 군인들 사이에서 몇 시간 동안이나 그 날에 있었던 등산의 이야기로 꽃을 피웠다.

20대의 젊은 군인들이 40대의 가이드보다 왜 그렇게 몹시 지쳤을까? 그들이 그때까지 훈련되지 않았던 근육을 몹시 사용했거나 운동량이 많았기 때문에 지친 것일까? 그것은 결코 아니다. 특수 부대의 격심한 훈련을 받아 온 그들에게 그런 소리를 하면 아마도 누구나 피식 웃고 말 것이다. 그러면 왜 그들은 그랬을까?

그것은 그들이 등산하는 것에 '지겨움'을 몹시 느꼈기 때문에 매우 피로해진 것이었다. 그러나 나이가 지긋한 가이드들은 등산에 흥미를 가지고 있었기 때문에 한 명도 지치지 않았던 것이다.

오클라호마의 어느 석유회사에 경리로 근무하고 있는 B양은 매월 일주일 동안은 상상도 못 할 만큼 매우 단조롭고 지루한 일을 계속해야만 했다. 그녀에게 주어진 업무는 경리 장부에 숫자와 통계를 기입하고 수많은 영수증을 차곡차곡 정리하는 것이었다.

그런데 그녀는 그 일이 너무도 따분했기 때문에 그것을 재미있는 일로 만들어 보려고 어느 날 결심했다. 그래서 그녀는 일의 양과 자신을 경쟁시켰다. 그녀는 매일 저녁 일을 마친 다음 자기가 일을 얼마나 했는지 꼼꼼히 헤아렸다. 그리고 다음날에는 그것보다 더 많이 일을 해보려고 매우 노력했다.

그 결과는 어떠했는가? B양은 경리과에서 누구보다도 많은 서류를 처리하였다.

그런데 그 일이 그녀에게 어떤 이득을 가져왔는가? 상사인 경리부장의 칭찬이나 감사의 말인가? 그것은 모두 아니었다. 그리고 아니면 승진이나 봉급 인상, 그것도 아니었다.

그렇게 경쟁하겠다는 발상이 그녀를 권태에서 오는 피로감을 깨끗하게 막아 준 것이다. 그것은 그녀에게 정신적 자극을 강하게 주었고, 일에 대한 도전 욕구로 인하여 항상 에너지와 열의가 넘치게 되었으며, 그 외의 시간을 마음껏 즐길 수 있게 된 것이다.

일리노이 주에 사는 발리 골든은 어느 회사의 사무원인데, 어느 날 상사에게 지겨운 업무를 떠맡게 되었다. 골든은 솔직히 일하기 싫어서 상사에게 짜증스러운 표정을 드러내며 일을 받았다. 그러나 주위를 유심히 둘러보니 그녀 말고도 그 일을 대신할 수 있는 사람은 꽤 많았다. 그녀는 자기가 그런 일을 하고 보수를 받는 것이라는 자각이 들었다.

그런 생각이 들자 짜증이 차츰 가라앉았다. 그리고 그 일은 자신이 싫은 일이지만, 즐거운 마음으로 하고 있는 듯이 보이려고 결심했다. 그것은 그녀가 상사에게 짜증을 드러낸 것에 대한 일종의 사과의 표시이기도 했다.

그런데 이때 그녀는 놀라운 사실을 발견하게 되었다. 일을 즐겁게 하는 것처럼 상대에게 보이려고 노력만 해도 어느 정도는 즐겁게 된다는 사실이었다. 그리고 또 일을 하는 것이 즐겁게 되면 능률도 꽤 오른다는 것을 스스로 알게 되었다.

미스 골든은 한스 바이힌게로 교수의 철학을 그대로 적용한 셈이다. 교수는 우리에게 항상 ‘행복한 것처럼’ 행동하라고 친절하게 가르치고 있다. 그리고 마음이 울적할 때, 일부러 경쾌한 노래를 부른다거나 휘파람을 불어 보면 실제로 자신의 무거웠던 마음이 곧장 풀리는 것 같은 느낌을 받게 되는 것이다.

만일 짜증나는 일, 몹시 하기 싫은 일이지만 어쩔 수 없이 해야만 하는 경우, 당신이 그 일에 흥미가 있는 것처럼 일한다면 실제로 새로운 흥미가 스스로 생기게 된다. 그리하여 당신의 피로와 긴장과 고민을 경감시켜 주는 것이다.

고등학생 하란 하워드는 어느 날 그의 인생을 완전히 혁신하겠다는 결심을 굳게 했다. 그는 자신이 하고 있는 몹시 지겹기 짝이 없는 자기 아르바이트 일을 재미있게 만들겠다는 것이었다.

그의 일은 매우 형편없는 것이었다. 친구들이 방과 후나 점심 시간에 야구를 한다든지 여학생들과 어려울 시시덕대고 있을 때, 그는 혼자서 학교 식당에서 청소를 하거나 접시를 닦거나 학생들에게 아이스크림을 파는 아르바이트를 해야 했다. 어쨌든 그는 자신의 일을 몹시 경멸하고 있었다.

그는 부족한 학비 때문에 아르바이트를 계속해야 했고, 이왕에 하는 일이니 좀 더 지겹지 않게 했으면 싶었다. 그래서 그가 착안한 것이, 그가 학생들에게 하루 종일 지겹게 팔아야 하는 아이스크림에 대한 연구였다. 그는 자신의 지겨운 것을 지겹지 않은 것으로 만들려는 시도였다.

그는 아이스크림이 어떻게 만들어지며, 그것을 만드는 데 어떤 재료가 쓰이고, 왜 맛이 좋은 것과 나쁜 것이 생기는지 화학적으로 깊이 연구했다. 그 결과, 그는 마침내 화학의 일인자가 되었다. 또 그는 점점 영양학에도 흥미를 가지게 되었고 마침내 매사추세츠 주립대학에 입학해서 식품공학을 전공했다.

그는 우수한 성적으로 학교를 졸업했지만 그때는 취직하기가 매우 어려웠던 때여서, 매사추세츠의 암허스트에 있는 자기 집 지하실에 개인연구소를 만들었다. 그런데 얼마 후 정부에서 우유를 소비자들에게 팔려면 우유에 함유되어 있는 박테리아의 양을 표시해야 한다는 새로운 법률이 시행되었다. 그리하여 하워드는 암허스트에 있는 14개 우유 회사로부터 박테리아 수를 계산하는 일을 맡을 수 있었고, 날이 갈수록 그 회사는 번창해 나갔다.

그때는 경기가 매우 좋지 않을 때여서 다른 친구들은 모두 백수 건달 노릇을 하고 있었지만, 그는 단지 자신의 지겨운 일을 지겹지 않게 하기 위해 시도했던 그 조그만 행위 덕분에 그는 젊은 나이에 회사를 경영하는 기업주가 되었던 것이다.

볼드윈 기관차 제작소의 사무엘 보큰레인 사장도 이와 비슷한 경우다.

그는 17세에, 공장에서 하루종일 선반 작업만 하는 단순한 선반공이었다. 하루 종일 볼트만 깎는, 몹시 지긋지긋하게 매우 단조로운 일이었다. 그는 일을 곧장 그만두고 싶었으나 다른 직장을 쉽사리 찾을 수 없을 것 같아 그대로 계속하고 있었다.

그는 자신이 일을 해야 하는 이상 어떻게든 재미있게 해보려고 매우 노력했다. 그래서 그는 자기 동료와 경쟁을 벌이기로 약속했다. 한 사람은 거친 표면을 고르게 깎는 일을 했고, 다른 한 사람은 그 볼트를 적당한 길이로 자르는 일이었다.

그들은 신호와 동시에 기계의 스위치를 켜고 누가 볼트를 더 많이 생산해 내는가 내기를 했다. 그런데 그걸 지켜본 현장 감독은 일을 빠르면서 정확하게 하는 사무엘의 솜씨에 매우 감탄을 했다. 그래서 곧 그에게 더 좋은 일을 맡겼는데, 이것이 그의 성공의 실마리였던 것이다.

그로부터 30년 후에 사무엘 보큰레인은 마침내 볼드윈 기관차 제작소의 사장이 되었다. 만일 그가 자신이 맡은 권태로운 일을 재미있는 것으로 만들려고 결심하지 않았다면 그는 평생을 직공으로 지내지 않으면 안 되었을지도 모른다.

세상의 사람들은 주어진 어떤 것에 흥미를 느끼거나 흥분했을 때는 전혀 피로해지는 일이 없다.

어느 뮤지컬을 보면 이런 말이 나온다.

"자기가 즐기는 일을 하는 사람들은 행복한 사람들이다."

그들이 행복한 것은 주어진 일에 흥미와 만족감이 많은 대신 지겨움과 피로감을 별로 느끼지 않기 때문이다. 그리고 흥미가 쏟아지는 일에는 또한 기운도 넘친다. 몹시 무뚝뚝하고 항상 권위만 내

세우는 남편과 같이 산책하는 것은, 다정다감하고 매우 부드러운
남자친구와 수영을 하는 것보다 훨씬 더 피로한 것이다.

아침마다 자신을 세게 후려쳐라

유명한 라디오 뉴스 해설자인 칼텐본이 22세일 때였다. 그
가 영국에서 자전거 여행을 마치고 파리에 도착했을 때, 몹시 배가
고팠지만 그의 주머니에는 동전 한 닢 없었다. 그는 카메라를 5달
러에 저당 잡혀 그 돈으로 〈뉴욕 해럴드〉의 파리판에 구직 광고를
내어, 마침내 어떤 회사의 세일즈맨으로 취직되었다.

이때 칼텐본은 방문 판매를 했는데, 1년 동안 무려 5천 달러를 벌
었으며, 세일즈맨으로서 마침내 정상에 서게 되었다. 그리고 놀라
운 것은 그가 프랑스 말을 전혀 못 한다는 사실이었다. 그는 프랑스
말도 한 마디도 하지 못 하면서 어떻게 해서 일류 세일즈맨이 될 수
있었을까?

그는 고용주에게 판매에 필요한 말들을 프랑스어로 써 달라고 주
문해서 그것을 완전히 암기했다. 먼저 가정집 문간의 벨을 누르면
주부가 나온다. 이때 칼텐본은 배를 움켜잡고 깔깔거리면서 우스운
악센트로, 암기한 말들을 거침없이 마구 지껄인다. 그러고는 제품
의 사진을 그 주부에게 보이는 것이다. 그러다가 상대편에서 뭐라
고 질문을 할라치면, 그는 갑자기 어깨를 움찔하며 이렇게 말한다.

"아메리칸… 으음, 아메리칸!"

그 다음에 그는 모자를 벗고, 안쪽에 붙여 둔 판매용의 프랑스어 문구를 상대에게 내보인다. 그러면 그 주부는 웃음을 금세 터뜨리게 되는데, 이때 그도 따라 웃는다. 그리고는 다시 다른 사진들도 내보이고… 대부분 이런 순서였다.

칼텐본은 이 얘기를 하면서, 그때의 일은 결코 쉬운 일이 아니었다고 말했다. 그런데 그는 이 일을 재미있게 하려는 결심 때문에 끝까지 무사히 수행할 수가 있었다고 한다. 매일 아침마다 그는 집에서 출발하기 전에 자신의 모습을 거울을 통해 물끄러미 들여다보면서 혼자 힘을 냈다는 것이다.

"칼텐본, 너는 이 일을 해내지 못하면 마침내 밥도 굶게 되는 것이다. 그런데 이왕이면 유쾌하게 해보자. 마치 문간에서 벨을 울릴 때, 네 자신이 휘황찬란한 조명을 받으며 서 있는 배우로 생각하고, 온 관중이 너를 지켜보고 있다고 상상해라. 결국 네가 하고 있는 일은 무대 위에서의 연극과 마찬가지로 매우 우스운 것이다. 왜 너는 하는 일에 더 많은 정열과 흥미를 쏟아 넣지 않는가?"

칼텐본은 이처럼 매일 되풀이하는 자기 격려의 말이, 처음에 그가 싫어하던 일을 매우 흥미 있게 만들었고 몹시 유익한 것으로 바꿔 주었다고 말했다. 그리고 그는 또 이렇게 말했다.

"아침마다 자기 자신을 매로 한 대씩 세게 쳐라. 육제적인 운동보다도 매일 아침 자기 자신을 격려하기 위한 정신적인 운동이 매우 필요한 것이다. 날마다 자신 스스로 힘을 돋우어야 한다.”

“우리의 일생은 자신의 생각에 따라 만들어진다.”

이 말은 로마 황제이자 철학자로 유명한 마르쿠스 아우렐리우스의 『명상록』에 나오는 말이다. 1,800년 전에 그가 한 말은 오늘날에도 진리인 것이다.

고질적인 불면증을 치유하는 5가지 방법

당신은 밤이 꽤 깊도록 잠들지 못할 때 고민하는가? 그렇다면 당신은 국제적으로 매우 유명한 법률학자 사무엘 안터마이어가 일생 동안 숙면한 적이 없었다는 이야기에 흥미를 느낄 것이다.

안터마이어는 대학에 다닐 때, 천식과 불면증으로 몹시 고통을 당했었다. 그는 어느 날 두 가지 병이 모두 나을 것 같지 않았으므로 잠이 오지 않는 시간을 이용하기 위해 그 방법을 마련하여 실천하기로 결심했다. 그는 밤에 잠이 오지 않을 때, 밤새도록 엎치락뒤치락하며 고민하는 대신 침대에서 일어나 공부를 했다. 그 결과는 어찌 되었던가? 그는 대학에서 각종 우등상을 독차지하여 마침내 뉴욕 시립대학의 천재라는 칭송을 받게 되었다.

그 후에 변호사를 개업한 뒤에도 불면증은 계속되었지만 안터마이어는 일체 고생하지 않았으며, 오히려 다음과 같은 말을 했던 것이다.

"자연이 나를 스스로 돌봐 준다."

자연이 그를 스스로 돌봐 준다는 것은 사실이었다. 그는 하루에 극히 조금밖에 자지 못했지만 건강했으며, 뉴욕 법조계의 어느 청년 변호사보다도 매우 정력적으로 활동했다. 그는 또 누구보다도 열심히 많은 일을 했다. 그것은 모두가 잠자는 동안에도 그가 일을 매우 열심히 했기 때문이었다.

안터마이어는 21세에 연간 수입이 7만5천 달러나 되었다. 그가 사건을 맡아 변론하는 날이면 그의 변론 솜씨를 배우기 위해 청년 변호사들이 법정으로 우르르 몰려올 정도였던 것이다. 1931년 그는 어떤 사건 하나를 맡아 사상 최고의 수임료인 1백만 달러를 현금으로 받은 일도 있었다.

그러나 그의 불면증은 계속 여전했다. 그래서 밤중의 절반은 독서로 보내고, 아침에는 다섯 시에 일어나 편지를 쓰곤 했다. 많은 사람들이 일에 착수할 때쯤 그의 일은 벌써 반절이 끝나 있었던 것이다.

그는 일생 동안 단잠을 몰랐지만 81세의 장수를 누렸다. 그러나 만일 그가 자신의 고질적인 불면증을 고민했더라면 아마도 일찌감치 그의 인생은 끝났을 것이 분명하다.

인간은 일생의 3분의 1을 잠으로 모두 허비한다. 그러면서도 잠제1차 세계 대전 중에 폴 케른이라는 헝가리 병사가 대뇌의 앞부분에 관통상을 입고 병원에서 치료를 받았다. 그 뒤 그는 완치가 되었지만 이상스럽게도 계속 불면증에 시달렸다. 이때 의사들은 각종 진정제와 수면제를 비롯하여, 심지어 최면술까지도 그에게 시술해 보았지만 효과가 전혀 없었다. 폴 케른은 잠들기는커녕 졸음조차 좀처럼 오지 않았다. 이 때 의사들은 모두 그가 절대로 오래 살지 못할 것이라고 말했다. 그러나 그는 의사들의 판단을 비웃듯이 취직까지 하여 여러 해 동안 건강하게 살았다.

그는 자리에 누워서 눈을 감고 휴식은 할 수 있었지만 잠들지 못하는 사람이었다. 그의 사례는 수면에 대한 우리의 상식을 한꺼번에 뒤집은 의학상의 수수께끼인 것이다.

그런가 하면 어떤 사람들은 다른 사람들보다 더 많은 수면을 필요로 한다. 토스카니니는 하룻밤에 5시간의 수면이면 충분했지만, 칼벳 쿨리지는 웬일인지 그 2배 이상을 필요로 했다. 그는 하루에 11시간 이상을 잠을 잤던 것이다. 말하자면 토스카니니는 일생의 5분의 1을, 쿨리지는 약 2분의 1을 수면으로 소비한 것이다.

불면증으로 고민하는 것은 불면증 자체 이상으로 건강에 몹시 해로운 것이다. 어떤 사례를 들면, 뉴저지 주에 사는 아이라 샌드너는 만성 불면증으로 인하여 자살 직전까지 갔다. 내 강좌의 학생이었던 그는 어느 날 나에게 이렇게 고백했다.

"정말 저는 미칠 것 같았습니다. 문제는, 그 전까지는 제가 잠꾸러기였다는 사실이었습니다. 아침에 탁상시계가 매우 요란스럽게 울려도 잠을 깨지 못하고 출근 시간에 자주 늦곤 했습니다. 이로 인해서 사장으로부터 해고 위협을 받을 정도여서, 저는 정말 심각하게 고민했습니다. 그래서 친구들에게 이러한 사정 얘기를 털어놓았더니 어느 친구 하나가, 나에게 잠들기 전에 탁상시계에다 주의력을 집중시켜 보라고 가르쳐 주었습니다. 그런데 이것이 곧 나의 불면증의 원인이 되었지요. 그 지겨운 탁상시계의 똑딱거리는 소리가 내 신경을 마침내 사로잡고 말았던 것입니다. 나는 밤새껏 불안한 마음 때문에 잠을 못 이루었습니다. 먼동이 틀 무렵이면 나는 온갖 피로와 고민으로 거의 초죽음이 되었습니다. 이런 상태가 무려 8주간이나 계속되었지요. 그 당시의 나의 고통은 도저히 말로 표현할 수 없을 정도였습니다. 나는 마침내 미치고 말 것이라고 생각했습니다. 나는 밤에 몇 시간이고 방 안을 서성거리다가는, 어떤 때는 아예 창문에서 뛰어내려 죽어 버릴까 하는 생각도 들었습니다. 그러다가 나는 어느 날 오래전부터 잘 아는 의사를 찾아갔습니다. 그때 저에게 의사는 이런 말을 했습니다. '아이라, 나로서는 속수무책

일세! 아마 다른 의사들도 마찬가지일 거야. 밤에 침대에 들어가서 잠이 오지 않으면, 아예 그것을 모두 잊어버리게. 그리고는 자네 자신에게 이렇게 말하라. ‘나는 잠들지 않아도 아무 상관없어. 비록 아침까지 깨어 있어도 괜찮아.’ 그런 다음에는 눈을 감은 채 이렇게 말하게. ‘잠을 안 자면 어때? 어쨌든 휴식을 취할 수는 있잖아.’ 나는 그가 말한 대로 했습니다. 그랬더니 두 주일도 못 가서 마침내 숙면을 하게 되었고, 한 달쯤 후에는 하루에 무려 열 시간이나 숙면할 수 있게 되었습니다. 이제는 완전히 회복되었습니다.”

그런데 아이라를 자살 직전까지 몰고 간 것은 과연 무엇이었을까? 그것은 불면증이 아니라, 그것에 대한 매우 심한 고민이었던 것이다.

불면증으로 고민하는 사람들은 그들 자신이 의식하고 있는 것보다 훨씬 더 많은 수면을 취하고 있다고 한다. “어젯밤에는 한숨도 자지 못했다”고 말하는 사람도, 사실은 자기도 모르게 몇 시간을 잤는지는 알 수 없는 것이다.

아무리 노력해도 잠을 잘 수 없을 때, 그것은 당신이 당신 자신에게 당신을 불면의 상태에 빠뜨리는 말을 하고 있기 때문인 것이다. 불면증을 고치기 위해서는 반드시 자기 최면에서 깨어나야 한다. 그리고 자신의 온 몸의 근육에게 이런 말을 들려 주어야 하는 것이다.

“쉬어라, 쉬어. 이제 몸의 긴장을 풀고 푹 쉬어라.”

근육이 몹시 긴장하고 있으면 몸도 마음도 결코 쉴 수 없다. 그러므로 잠을 자려면, 우선 근육부터 잠을 청해야 될 것이다. 그래서 전문가들은 아래와 같이 권장하고 있다.

근육의 긴장을 풀기 위해서 무릎 밑에 베개를 받치고 팔 밑에도 작은 베개를 놓아 둔다. 그러고는 턱·눈·팔·다리에게 쉬라고 명령하면 어느새 스스로 잠드는 것이다.

그 밖에도 육체적인 운동으로 몸을 피곤하게 만드는 방법도 좋다.

헨리 링크 박사는, 불면증 때문에 몹시 고생스러워서 자살 기도까지 했던 환자에게 운동 요법을 권했다.

"만일 당신이 꼭 자살하겠다면, 적어도 이 방법을 실천해 보시오. 예를 들면, 시내 한복판에서 달리기를 계속하다가 최후에 쓰러져 죽는 것 같은 방법 말입니다."

그 환자는 박사가 시키는 대로 시도해 보았다. 한 번뿐만 아니라, 두 번, 세 번을 시도해 보았다. 그런데 그때마다 근육이야 어떻든 마음은 매우 상쾌해지는 것이었다. 사흘째 밤이 되자, 그는 육체적으로 몹시 지치고 긴장이 풀려 마침내 숙면하게 되었다. 링크 박사는 처음부터 그러한 환자의 변화를 노리고 있었던 것이다.

그 후 그 환자는 체육 클럽에 가입해서 어떤 경기에도 나가게 되었고, 완전히 회복되었다.

따라서 불면증에 걸렸을 때, 다음의 5가지 방법을 지켜라.

1. 잠이 오지 않으면, 침대에서 곧장 일어나 잠이 올 때까지 일을 하든가 독서를 하라.

2. 수면 부족으로 죽은 사람은 없다는 사실을 잊지 말라. 불면증보다 그것을 고민하는 것이 훨씬 더 해로운 것이다.

3. 일어나서 기도를 하든가, 두꺼운 책을 되풀이해서 읽는다.

4. 온 몸의 근육의 긴장을 풀어라

5. 열심히 운동하라. 마치 손가락 하나도 까딱할 수 없을 만큼 몸을 피곤하게 만들어라.

 성공한 사람들의 행동 습관

세상을 살면서 입에 발린 말이 아니라
진심으로 상대방을 칭찬을 하라.

상대방에게 호감을 얻는 방법

자기만의 순수한 관심을 상대에게 진술하게 보여라

01

인간관계에 있어서 가장 중요한 법칙은 '상대방이 나에게 베풀어 주기를 원하는 것처럼 나도 상대방에게 많이 베풀라' 는 것이다.

상대에게 자신의 순수함을 보여라

당신이 진정한 친구를 얻는 방법을 배우고 싶다면 구태여 이 책을 읽을 필요가 없다. 왜냐하면 그 방면에 가장 뛰어난 사람을 만나 보면 스스로 배울 수 있기 때문이다.

그렇다고 억지로 그런 친구를 찾으려고 노력할 필요도 없다. 우리는 그 친구와 자주 접촉할 수가 있으며, 그 친구는 우리가 가까이 다가서면 반갑다고 꼬리를 흔들고 쓰다듬어 주기라도 하면 신이 나서 어쩔 줄 모르고 자신의 애정을 상대에게 표시하기 위해 갖은 애를 쓴다. 이쯤 되면 그 존재가 무엇인지를 대충 알 수 있을 것이다.

아버지는 내가 5세가 되던 해, 어느 날 50센트를 주고 강아지 한 마리를 사 오셨다. 나에게 있어서 그 강아지의 존재는 세상의 그 무엇과 비교할 수 없을 정도로 큰 기쁨을 가져다주었다.

나는 그 강아지에게 티피라는 이름을 지어 주었는데, 내가 학교에서 돌아오는 시간인 오후 4시 30분쯤이 되면 어김없이 티피는 길가로 나와서 나를 기다렸다. 그리고 내가 도시락통을 흔들며 달려오는 내 모습이 보이기만 하면 쏜살같이 달려와 내 주위를 빙빙 돌며 반가워서 어쩔 줄을 몰랐다.

그러던 어느 날 밤, 갑자기 티피는 내가 지켜보는 앞에서 벼락을 맞아 죽었다. 티피는 5년 동안 나와는 둘도 없는 친근한 친구 사이였다. 그리고 내가 가는 곳에는 언제나 티피가 있었으므로 마치 그림자 같은 사이였으므로 티피의 죽음은 나의 어린 가슴에 평생 사라지지 않는 큰 슬픔을 안겨 주었다.

티피는 나에게 매우 좋은 친구였다. 티피는 내 관심을 끌려고 노력하지도 않았다. 티피는 상대방에게 순수한 관심을 보여 주는 것이 친구를 만드는 일이라는 것을 본능적으로 잘 알고 있었던 것 같다. 티피를 통해 내가 깨달은 것은 상대방을 친구로 만들기 위해서는 상대방의 관심을 끌기보다는 상대방에게 순수한 관심을 보여 줘야 한다는 것이었다.

그런데 이 세상에는 상대방의 관심을 끌기 위해 헛된 노력에 온 힘을 쏟는 사람들이 몹시 많다. 이러한 잘못된 노력에 아무리 힘을 기울여도 소용없다.

어느 날 뉴욕의 전화회사에서 가입자들의 전화 통화 중에 어떤 단어가 가장 많이 사용되는가를 조사한 적이 있었다. 그런데 가장 많이 사용되는 단어는 '나'라는 1인칭 대명사였다. 그 조사에 의하면, 무작위로 뽑은 500통화 가운데서 '나'라는 1인칭 대명사가 무려 3,690회나 쓰여졌다는 것이다. 이렇듯 인간이란 원래 상대방에게 관심을 기울이기보다는 자기 자신에게 관심을 더 많이 갖는 것이다.

당신이 주위의 다른 사람들에게 어느 정도의 관심을 가지고 있는지 알아보자.

질문 1 : 다른 사람들과 함께 찍은 사진에서, 당신은 특별한 목적이 없을 때 제일 먼저 누구의 얼굴을 찾는가?

당신의 답이 무엇인지 나는 안다. 그리고 다른 사람들의 답도 무엇인지, 당신도 알 수 있다.

다른 사람에게 관심을 끌고 있다고 생각하는 사람은 다음의 물음에 대답해 보라.

질문 2 : 만약 내가 오늘밤 죽는다면 내 장례식에 찾아올 사람이 몇 명이나 될 것인가?

찾아올 사람이 몇 명이나 될까? 물론 이 질문에는 여러 가지 전제조건이 필요하다. 예를 들어, 이때 당신의 개인적이나 업무적인 배경은 배제해야 한다. 이를 테면 당신의 장례식에 참석하지 않으면 자신이 불이익을 당할 우려가 예상되어 부득이 참석하는 사람은 제외해야 한다는 말이다. 순수하게 당신에 대한 관심과 애정이 있어서 꼭 장례식에 참석할 사람만 계산해야 한다는 뜻이다.

또 이렇게 반문해 보라.

"내가 상대방에게 별로 관심을 갖고 있지 않는데, 어떻게 상대방이 나에게 관심을 갖겠는가?"

무조건 수단과 방법을 가리지 않고 상대방을 현혹시켜 그의 관심을 얻으려고 한다면 결코 참된 친구를 얻을 수 없다. 왜냐하면 참된 친구란 그런 방법으로는 만들 수가 없기 때문이다.

시어도어 루스벨트 대통령은 미국 국민들에게 큰 인기를 끌었다. 그 비밀은 인간에 대한 그의 순수한 관심에 있다고 할 수 있다. 그래서 항상 그의 곁에서 시중을 들었던 흑인 하인인 제임스 A. 아모스는 『하인의 눈에 비친 영웅, 시어도어 루스벨트』라는 제목으로 책까지 집필했는데, 이 책에는 다음과 같은 일화들이 있다.

어느 날 내 아내가 대통령에게 메추라기가 어떤 새이냐고 물어본 적이 있었다. 그러자 대통령께서는 메추라기에 대해서 자세하고 친절하게 설명해 주셨다. 그런데 대통령으로부터 며칠 후 우리 집으로 전화가 걸려 왔다.

이때 아내가 전화를 받았는데, 대통령께서 전화가 온 것이었다.

그 내용은, 지금 메추라기가 창 밖의 나무에 앉아 있으니 창 밖을 내다보면 메추라기를 자세히 관찰할 수 있을 것이라며 일부러 전화까지 친절하게 걸어서 알려 주신 것이다.

이 조그마한 사건은 루스벨트 대통령의 인품이 어떤지를 명확하게 말해 주는 것이었다.

그리고 대통령께서는 우리 집을 지나치실 적마다 내가 보이든 보이지 않든 간에 반드시 "여보게! 제임스, 요즘은 어떻게 지내나?" 하며 다정한 인사말을 던지시곤 하셨다.

이런 주인을 좋아하지 않는 하인은 아마도 이 세상에 아무도 없을 것이다. 또한 그런 사람이라면 집의 하인들뿐만 아니라 다른 사람들까지도 그를 매우 좋아하게 될 것이다.

루스벨트가 임기를 무사히 마치고 물러난 다음, 어느 날 백악관을 방문한 적이 있었다. 이때 태프트 대통령 부처가 부재 중일 때였다. 자신이 대통령으로 재임하였을 때 백악관 직원들을 일일이 찾아다니며 만나 보았다. 그는 심지어 주방에 근무하는 하녀에 이르기까지 그의 이름을 모두 기억했고 그리고 친절하게 안부를 묻곤 했다.

주방에서 하녀인 엘리스를 만나자 루스벨트는 몹시 반가운 표정으로 물었다.

"엘리스, 지금도 옥수수 빵을 굽고 있나?"

"네, 하지만 지금은 우리만 먹기 때문에 가끔 구울 뿐이에요. 2층에 계신 대통령 부처는 아무도 그것을 잡수시지 않거든요."

엘리스가 이렇게 대답하자 루스벨트는 참 안됐다는 어조로 이렇게 말했다.

"아직 대통령이 그 빵맛이 어떤지 모르는 모양이군, 내가 대통령을 만나서 그 맛이 어떻다는 걸 반드시 알려 주어야 되겠는데!"

루스벨트 전 대통령은 엘리스가 접시에 담아 정성껏 내놓은 옥수수 빵을 손으로 뜯어먹으며 그는 대통령 집무실 쪽으로 뚜벅뚜벅 걸어갔다. 그리고 그곳으로 가는 도중 정원사나 고용된 사람을 만나면, 그는 전과 조금도 다름없이 다정한 목소리로 한 사람 한 사람의 이름을 친절하게 부르면서 정답게 이야기를 주고받곤 했다.

하인들은 지금도 그때 일을 떠올리며 매우 감격에 사로잡히곤 하는데, 하이크 후버라는 사람은 다음과 같이 그때의 감격을 이렇게 표현했다.

"대통령이 바뀐 뒤, 그 2년 동안 그렇게 매우 기쁜 날은 아마 없었을 겁니다. 이 큰 기쁨은 결코 돈을 주고도 살 수 없는 것이라고 우리는 굳게 믿고 있습니다."

인간이란 자기를 칭찬해 주는 사람을 매우 좋아하는 것이다. 그리고 남을 칭찬하는 것은 실생활에 큰 도움이 된다. 그 사례는 우리들 주위에 수없이 많지만, 여기서는 두 가지만 들어 보기로 하겠다.

뉴욕 은행에 근무하는 찰스 월터스는 어느 날 어떤 회사를 은밀하게 조사해 보라는 명령을 상사로부터 받았다. 월터스는 그 회사의 사정에 정통한 사람을 잘 알고 있었다. 그 사람은 어느 공업회사의 사장이었다.

그런데 그 면담을 신청한 월터스를 사장실로 친절하게 안내한 젊은 여비서는 방을 나가기 직전에 사장에게 이렇게 말하였다.

"죄송하지만 사장님, 오늘은 드릴 우표가 없네요."

그러자 사장은 약간 실망한 표정을 드러냈다. 이윽고 여비서가 나갔다. 이때 사장은 월터스에게 이렇게 설명했다.

"우리 아들이 우표 수집을 하기 때문에, 나에게 편지 오는 게 있으면 비서 아가씨가 봉투에 붙어 있는 우표를 일일이 떼어서 내게 갖다 주곤 한답니다."

사장은 월터스가 방문한 용건에 대하여 물어보았다. 월터스는 자신의 용건을 자세히 그에게 설명하고 그의 허락을 얻은 다음, 질문을 시작했다. 그러나 이때 그 사장은, 그 회사의 사정에 대한 정확한 발언을 자꾸 회피하는 것이었다.

그가 화제를 기피하는 이상, 그에게서 어떤 정보도 끌어낼 수 없다는 것을 알게 된 그는 몹시 실망을 했다. 그와 오랫동안 회견을 가졌지만, 그가 얻은 것은 아무것도 없었다.

월터스는 당시의 일을 다음과 같이 털어놓았다.

"솔직하게 말하자면, 나는 그때 어떻게 해야 좋을지 몰랐다. 무슨 좋은 방법이 없을까 곰곰이 생각하던 중 나는 문득 여비서가 사장에게 '우표'에 대해서 했던 말이 생각났다. 그리고 사장의 아들과… 낙심한 사장의 얼굴…….

그와 동시에 우리 은행의 '외국과'가 문득 생각났다. 외국과에는 세계 각국에서 매일같이 수많은 편지들이 오기 때문에 우표를 구하기가 그야말로 매우 쉬운 곳이었다.

다음날 오후, 나는 그 사장을 다시 찾아갔다. 그리고 나는 그의 아들을 위해서 우표를 많이 가지고 왔다고 말했다. 물론 대 환영이었다. 설사 대통령이 그의 사무실에 찾아왔다고 해도 그렇게 친절하게 맞아 주지는 않았을 것이다.

그 사장은 우표를 한 장씩 유심히 살펴보면서 자기 아들이 매우 기뻐할 것이라고 몹시 좋아했다. 그 사장과 나는 30분 동안, 우표에 관한 얘기를 주고받았으며 그의 아들에 대한 이야기도 나눴다. 그 뒤부터는 모든 것이 일사천리였다. 사장은 내가 이야기를 꺼내기도 전에 자기가 알고 있는 그 회사의 정보를 상세하게 들려 주었다. 그리고 내가 약간 미흡하다고 생각하는 부분이 있으면 부하 직원을 불러 자세히 물어보기도 했으며, 그리고 다른 곳에 전화를 걸어서까지 정확한 정보를 나에게 친절하게 제공했다. 나는 그에게 조그마한 관심을 기울임으로써 이른바 특종을 낚은 셈이 된 것이다.

필라델피아에 살고 있는 C. M 레이플은 어느 대단위 연쇄점에 석탄을 팔기 위해 10년 동안이나 끈질기게 노력해 왔다. 그러나 그 연쇄점의 한 중역이 연료를 다른 업자로부터 사들이고 있었기 때문에 매우 불가능하다며 그에게는 전혀 기회를 주지 않았었다.

레이플은 내 강좌에 나왔을 때, 그 연쇄점에 대한 평소의 불만을 격렬하게 토로하면서 심지어 "그 연쇄점은 시민의 적"이라고까지 욕을 하는 것이었다. 그렇다고 그가 그 연쇄점에 석탄을 팔려는 노력을 포기한 것은 아니었다.

나는 그에게 다른 방법을 사용해 보는 것이 어떻겠느냐고 제안했다. 그 방법은 강좌에서 '연쇄점의 전국적인 보급은 국가에 해로운가' 라는 제목으로 토론을 벌이기로 하고, 레이플은 내 권고에 따라 이때 연쇄점의 보급을 옹호하는 변호사의 역할을 맡게 했다.

어느 날 그는 평소부터 원수처럼 여기던 그 연쇄점의 중역을 찾아갔다.

"오늘 나는 당신에게 석탄을 팔아 달라는 부탁을 하러 온 것이 아닙니다. 다른 부탁이 있어서 이렇게 찾아왔습니다."

이때 그 중역은 매우 탐탁지 않은 표정이었지만, 그는 개의치 않고 토론회에 대한 설명을 했다.

"사실은 연쇄점에 대해서 우리들이 토론회를 갖게 되었는데, 그 토론에 선생님보다 더 적합한 분이 없을 것 같아서 이렇게 실례를 무릅쓰고 찾아왔습니다. 제가 토론회에서 꼭 이겨야 하기 때문에 선생님의 도움이 절실하게 필요합니다."

다음은 레이플의 말을 그대로 옮겨 놓은 것이다.

내가 그를 만나기 전에 그 중역은 내게 딱 1분간만 시간을 내주겠다는 조건부로 면회를 허락해 주었다. 그러나 내가 찾아온 취지를 그에게 자세하게 밝히자 그 중역은 마침내 나에게 의자를 권했고, 그와의 면회는 무려 2시간 가까이 계속되었다.

그는 그 동안 연쇄점에 관한 책을 저술한 일이 있는 다른 중역까지 자신의 사무실에 일일이 불러서 그들에게 구체적인 자문을 구했고, 전국연쇄점협회에 조회하여 그 문제에 관한 토론 기록의 사본까지도 내가 입수할 수 있도록 친절하게 도와주었다.

그가 "연쇄점이 인류에 대해 진정으로 공헌을 하고 있다고 확신하고 있으며, 자기가 하고 있는 일에 큰 보람을 느낀다"며 자신의 견해를 말할 때에는 그의 눈에서 광채가 일기까지 했다.

내가 용건을 모두 끝내고 그의 방에서 나올 때, 그는 내 어깨에 손을 얹고 문까지 친절하게 배웅해 주면서 내가 토론회에서 꼭 승리하기를 바란다는 말과 함께 그 결과를 반드시 자신에게 알려 달라고 부탁하는 것이었다.

"부디 한번 꼭 찾아오세요. 석탄을 주문했으면 하는데……."

이것이 그가 나에게 마지막으로 한 말이었다.

그것은 내게 있어서는 기적과도 같은 일이었다. 내가 석탄에 대해서는 아무 말도 꺼내지 않았는데 저쪽에서 자진하여 석탄을 사주겠다는 것이었다. 그 일은 10년이 걸려도 내가 하지 못했던 일인데, 그의 관심거리에 대해서 내가 진지한 관심을 보여 주는 것으로 불과 2시간 동안에 목표를 쉽게 달성할 수 있었던 것이다.

레이플이 새로운 진리를 발견한 것은 결코 아니었다. 이미 기원전 100년, 로마의 시인 파브릴리우스 시루스는 다음과 같이 갈파했었다.

"우리는 항상 자기에 대해서만 관심을 갖게 마련이다."

그렇기 때문에 사람들에게 인기가 있는 사람이 되기 위해서는 반드시 상대방에게 성실한 관심을 항상 가져야 하는 것이다.

항상 미소를 지어라

02

행복이나 불행은 그 사람의 재산이나 지위에 따라서 결정되는 것이 결코 아니다. '당신은 무엇을 행복이라고 생각하며 무엇을 불행이라고 생각하는가' 라는 개개인의 사고 방식에 따라서 행복과 불행은 각기 나누어지는 것이다.

미소는 행복을 불러온다

어느 날 내가 어떤 만찬회에 참석했을 때, 그 많은 손님 가운데 막대한 유산을 상속받은 어느 부인과 우연히 만나게 되었다. 그런데 그 부인은 어떻게 해서라도 여러 사람들에게 좋은 인상을 심어 주기 위해 몹시 신경을 썼던 것이 역력히 드러났었다.

그녀는 이때 호사스러운 검은 담비 가죽으로 된 목도리와 다이아몬드 목걸이, 진주 팔찌 등 온갖 패물들로 몸을 호화롭게 장식하고 있었지만 자신의 얼굴 화장에는 별다른 신경을 쓰지 않았기 때문에 심술과 고집이 몹시 넘쳐흐르는 모습이었다. 아마도 그녀는 남자들이 중요하게 여기고 있는 것이 무엇인지를 잘 모르는 모양이었다.

그것은 결코 몸에 걸친 화려한 옷이 아니라, 그 여성의 얼굴에 나타나는 표정인 것이다.

지금 문득 떠오른 생각인데, 만약 내 아내가 모피 코트를 사 달라고 몹시 조를 때에 이 구절을 잘 기억해 두었다가 써먹는 것도 매우 괜찮을 것 같다는 생각이 든다.

행동은 말보다 매우 설득력 있는 웅변이다. 그리고 '미소'는 우리에게 이렇게 말하고 있다.

"나는 당신을 좋아합니다. 당신은 나를 행복하게 만들어 주기 때문에 당신을 만나는 것이 나는 무엇보다도 즐겁습니다."

개가 사람들에게 귀여움을 독차지하는 이유도 바로 여기에 있다. 주인을 보는 순간, 개는 몹시 반가워하며 어쩔 줄을 모르고 깡충깡충 뛰어오르기 때문에 우리도 자연스럽게 개를 몹시 귀여워하는 것이다. 그러나 마음에도 없는 거짓 웃음으로는 상대방을 속일 수는 없다. 그처럼 도식적인 눈웃음은 오히려 상대방을 매우 불쾌하게 만들뿐이다.

뉴욕에 있는 어떤 백화점의 현장 책임자의 말에 의하면, 점원으로는 점잖은 표정을 지닌 대학원 출신의 여자보다는 비록 초등학교를 중퇴했더라고 항상 상냥하게 웃을 줄 아는 그런 친절한 여자를 채용하는 편이 훨씬 낫다는 것이다.

나는 어느 날 내 강좌를 수강하는 수천 명의 수강생들에게 일주일 동안 1시간마다 한 번씩 그 상대가 누구든지 간에 친절한 미소를 지어 보이고, 그 결과를 내 강좌에서 발표하도록 숙제를 내준 적이 있었다. 그 리포트 중에서 한 가지를 소개해 보겠다.

나는 결혼한 지 18년이 지났지만, 아침에 일어나서 출근할 때까지 아직까지 한 번도 이제까지 아내에게 웃는 낯을 보인 적이 없었으며 말조차 주고받는 적이 없습니다. 나는 이처럼 세상에서도 매우 보기 드물 정도로 성품이 매우 까다로운 사람이었습니다. 그러나 선생님께서 미소를 지은 후 그 경험을 발표하라기에 시험 삼아 일주일 동안만 해보기로 마음먹었습니다.

이튿날 아침, 거울 앞에서 머리를 빗으면서 나는 거울에 비친 무표정한 내 얼굴을 향해 이렇게 중얼거렸습니다.

"빌, 오늘은 잔뜩 찌푸린 얼굴을 버리고 웃는 얼굴을 보여 주자. 어때? 자, 어디 한번 활짝 웃어 볼까?"

나는 식탁에 앉으면서 아내에게 아침 인사를 하며 친절한 미소를 지었습니다. 처음에는 상대방이 깜짝 놀랄 것이라는 선생님의 말씀대로 아내는 내가 기대했던 것 이상으로 몹시 놀란 눈치였고, 이때 기뻐서 어쩔 줄 몰라 했습니다. 그래서 나는 이제부터 매일 아내에게 이렇게 할 것이라며 마음속으로 굳게 다짐을 했고, 오늘까지 두 달 동안 계속하고 있습니다.

지금은 매일 아침 출근할 때마다 아파트의 엘리베이터 안에서 만나는 사람들과 환희 웃는 낯으로 아침 인사를 친절하게 나누며, 회사의 수위에게도 미소와 함께 다정한 아침 인사를 주고받게 되었습니다. 그리고 지하철의 창구에서 거스름돈을 받을 때도 마찬가지였으며, 증권회사에서 나의 웃는 얼굴을 한 번도 본 적이 없는 사람들에게도 미소로 대하게 되었습니다.

그러자 모두들 다정한 미소로 나를 응대해 주기 시작했습니다. 불평 불만이나 말썽거리를 가져오는 사람에게도 나는 늘 명랑한 태도로 맞이하려고 노력합니다. 상대방이 몹시 화가 난 얼굴로 거세게 항의를 해도 내가 항상 미소를 잃지 않고 상냥하게 응대하면, 그 역시 분노를 누그러뜨리고 상냥하게 대하려고 노력하게 되므로 서로 간의 문제점을 해결하기가 매우 쉬워졌으며, 이러한 미소의 덕분으로 나의 수입도 두드러지게 증가했습니다.

사무실의 신입 사원은 나를 처음 보았을 때는 몹시 퉁명스러운 사람으로 생각했었는데, 인정미가 넘치는 내 미소를 보고는 자신의 생각이 틀렸다는 것을 깨달았다고 나에게 어느 날 고백했습니다.

나는 미소를 짓는 것으로만 만족하지 않기로 굳게 결심했습니다. 나는 될 수 있는 대로 다른 사람에 대한 비판이나 그의 허물을 꼬집는 대신, 그 사람을 칭찬해 주기로 마음먹었습니다. 그러자 문자 그대로 내 생활에 큰 변화가 일어났습니다. 점차 수입도 늘어나고 많은 친구들도 사귀게 되었습니다. 나는 지금 매우 행복합니다. 그리고 이제는 내 자신보다도 상대방의 입장에서 항상 모든 것을 이해하려고 노력하고 있습니다.

그러나 상대를 향해 미소를 지을 수 없을 경우에는 어떻게 하는 것이 좋을까?

우선 억지로라도 웃어 보라. 혼자 있을 때에는 휘파람을 불거나 콧노래를 불러 흥을 한껏 돋우고, 자신이 아주 행복하다는 기분으로 행동해 본다. 그러면 정말 행복한 기분이 되는데, 이것은 매우 신기한 일이 아닐 수 없다.

하버드 대학의 윌리엄 제임스 교수는 이렇게 설파했다.

"사람의 행동은 감정에 따라 일어나는 것처럼 보이지만, 사실은 행동과 감정은 함께 움직인다. 그러나 행동의 경우, 의지에 따라서 통제가 가능하지만 감정은 그렇지가 못하다. 감정은 행동을 조정함으로써 간접적으로 조정할 수는 있다. 그러므로 기분이 매우 우울하여 쾌활해지고 싶을 때, 일부러 쾌활한 척 행동하면 몹시 신기할 정도로 반드시 쾌활함을 찾을 수 있다."

사람들은 누구나 자신이 행복해지기를 원한다. 그러나 이 세상에서 그 행복을 얻는 방법은 단 하나밖에 없다. 그것은 자기의 기분을 마음대로 움직일 수 있는 힘을 기르는 방법뿐이다. 왜냐하면 행복이란 외적인 조건에 의해서 얻어지는 것이 아니라, 곧 자기의 마음가짐에 따라서 얻을 수도 있고 놓칠 수도 있기 때문이다.

행복이나 불행은 그 사람의 재산이나 지위에 따라서 결정되는 것이 결코 아니다. 당신은 무엇을 행복이라고 생각하며 무엇을 불행이라고 생각하는가' 라는 개개인의 사고 방식에 따라서 행복과 불행은 각기 나누어지는 것이다.

같은 곳에서 같은 일에 종사하는 두 사람이 있다고 가정해 보자. 두 사람은 서로 비슷한 재산과 지위를 가졌음에도 불구하고 한 사람은 매우 행복한 반면, 다른 한 사람은 몹시 불행한 경우가 있다.

왜 그럴까? 그것은 추구하는 사고 방식이 각기 다르기 때문이다.

'사물에는 원래 좋고 나쁨이 없으며 단지 우리의 생각의 여하에 따라 그 좋고 나쁨이 가려지는 것이다.'

이것은 내가 중국을 여행하면서 절실히 깨달았던 점이다. 왜냐하면 불과 7센트의 하루 노임을 벌기 위해 온 종일 땀을 흘리며 열심히 일하는 중국인들 중에서도 매우 행복한 표정으로 일하는 사람들을 흔히 찾아볼 수 있었다. 그러나 뉴욕의 번화가를 걸어갈 때, 나는 그 중국인들보다 행복한 표정을 지은 사람들을 발견하기가 무척 어려웠기 때문이었다.

"인간은, 자신이 행복해지려는 결심의 그 강도에 따라 그만큼 행복해질 수가 있다."

이것은 행복해지는 방법에 대한 그 핵심을 찌른 링컨의 명언인데, 미국에서 제일가는 보험회사의 유능한 외판원인 프랭클린 베트커는 그걸 깨닫고 곧장 실천한 사람이다.

그는 '미소를 항상 잃지 않는 사람은 사람들에게 환영받는다' 는 사실을 오래전부터 터득하고 있었다. 그래서 그는 어떤 사람을 찾아갈 때는 그의 방에 들어서기 전에 잠깐 멈춰 서서 반드시 그에게 감사해야 할 일을 생각해 내고는 자신의 진심에서 우러나오는 미소를 지은 후, 그 미소가 사라지기 전에 그 방에 들어가는 습관을 항상 길렀다고 한다.

그래서 보험외판원으로 대 성공을 한 것도 이러한 간단한 테크닉의 덕분이었다고 그는 고백하였다.

그런 점에서 살펴본다면 중국인은 참으로 매우 현명하다. 아니, 처세에 매우 밝다고나 해야 할까? 중국의 격언 중에 이러한 말이 있다.

"미소 띤 얼굴이 없는 사람은 장사할 자격이 없다."

참으로 옳은 말이 아닐 수 없다. 미소를 잃어버린 사람만큼 미소가 필요한 사람은 없는 것이다.

당신은 사람들의 호감을 얻고 싶은가? 그렇다면 지금 당장 미소를 지어라.

반드시 상대방의 이름을 기억하라

03

누가 자신의 이름을 기억하고 불러 준다는 것은 매우 기분 좋은 일로써, 어떤 경우에는 이것은 칭찬보다도 훨씬 효과적인 것이다. 앤드류 카네기의 '성공의 비결' 도 바로 그것이었다.

좋은 습관은 작은 희생들의 산물이다

10세 때 불의의 사고로 아버지를 잃은 짐 팔리는 엄마와 두 동생을 위해서 학교를 그만두고 벽돌 공장의 직공으로 일할 수밖에 없었다.

매우 힘든 일이었지만 그는 몹시 부지런했고, 또한 아일랜드인 특유의 쾌활함으로 인해 공장의 많은 사람들의 호감도 얻을 수가 있었다.

그는 후에 정치계에 진출했다. 그의 정계 진출에 힘이 되어 준 것은, 자신이 만나는 사람들의 이름을 그가 낱낱이 기억하고 있는 그의 뛰어난 기억력 때문이었다.

그 덕택인지 고등학교도 나오지 못한 짐은 4개 대학에서 학위를 받기도 했으며, 48세가 되던 해에는 민주당의 전국위원장이 되었고, 마침내 미합중국의 우정 장관이란 요직에까지 오르게 되었다.

어느 날 나는, 짐 팔리와 회견하는 자리에서 그의 성공의 비결이 무엇이냐는 질문을 던진 일이 있었다.

"그것은 모두 내가 부지런히 일한 결과였습니다."

"제 생각에는 다른 무엇이 있는 것 같은데요?"

나의 의문에 그는 거꾸로 내 의견을 물어 왔다.

"그렇다면 당신은 그 무엇이라고 생각하십니까?"

"저는 선생님께서 1만 명에 가까운 사람들의 이름을 모두 기억하고 계시는 것으로 알고 있습니다만……."

내 말을 그는 재빨리 수정했다.

"아닙니다, 사실은 5만 명 정도가 옳다고 할 수 있겠지요."

어느 날 짐 팔리는 군청 서기로 근무한 적이 있었고 어느 회사의 외판원으로 미국의 전역을 돌아다니기도 했었는데, 그는 많은 사람들과 접촉하면서 만나는 사람들의 이름을 자연스럽게 기억해 내는 방법을 자신이 스스로 터득했다는 것이다.

그 방법이란 매우 간단한 것으로, 상대방과 처음으로 인사를 나눈 사람의 이름과 가족관계, 직업 그리고 정치에 관한 의견 등을 반드시 알아낸 후, 그러한 사항들을 모두 일일이 기억해 둔다는 것이었다. 그러면 1년 후 그와 우연히 만나더라도 상대방의 어깨를 툭 툭 치며 그의 가족에 관한 안부와 집에서 기르고 있는 화초에 이르기까지 세세한 사항들을 자연스럽게 화제에 올려 친밀감을 불러일으킬 수 있다는 것이다. 그러니 자연스럽게 그를 따르는 사람들이 많아지는 것은 당연한 일이라 하겠다.

루스벨트를 대통령으로 당선시키는 데 짐 팔리의 힘이 배후에서 큰 영향력을 행사했다는 이야기가 있다. 그는 루스벨트가 대통령 선거전에 출마하기 몇 달 전부터 서부와 서북부의 여러 주에 있는 사람들에게 매일 수백 통의 편지를 썼으며, 그리고 그는 모든 교통 수단을 이용하여 15일간에 걸쳐 20개 주를 방문했다.

그는 어떤 도시에 도착하게 되면 곧바로 그 고장 유지들과 식사와 차를 함께 나누며 서로 흉금을 털어놓고 이야기는 매우 바쁘고도 고달픈 길이었다.

동부로 돌아온 그는, 자신이 직접 돌아보았던 도시의 민주당 대표들에게 일일이 편지를 보내 자신의 모임에 참석했던 사람들의 명단을 보내 달라고 부탁했다.

그 명단의 수는 수만 명에 달했지만 그들은 한 사람도 빠짐없이 민주당 전국위원장인 제임스 팔리로부터 친근감이 넘치는 편지를 받아 보게 되었다. 그리고 그 편지의 머리말은 받는 사람의 애칭인 '빌'이나 '조' 등으로 시작되었고, 마지막에는 짐(제임스의 애칭)이라는 서명을 하여 마치 매우 가까운 친구에게 편지를 받은 것 같은 친밀감을 갖게 해 주었다.

인간이란 다른 사람의 이름 따위에는 별로 신경을 쓰지 않지만 자신의 이름에는 굉장한 관심을 기울인다는 점을 짐 팔리는 일찍이 간파하였던 것이다.

누가 자신의 이름을 기억하고 불러 준다는 것은 매우 기분 좋은 일로써, 어떤 경우에는 이것은 칭찬보다도 훨씬 효과적인 것이다. 앤드류 카네기의 '성공의 비결' 도 바로 그것이었다.

사실 카네기는 '강철왕' 으로 불리고 있지만 실제로 그는 강철에 대해서 별로 아는 바가 없었다. 그러나 그는 자신보다도 강철에 관해서 몇 갑절이나 더 잘 알고 있는 수백 명의 기술자를 고용하고 있었던 것이다.

그는 사람을 잘 부릴 줄 알았고 그러한 재능이 일약 그를 세계적인 부호로 만들어 주었는데, 그는 어렸을 때부터 사람을 조직하고 통솔하는 재능에 뛰어났었다. 그래서 10세 때에 이미 인간이 자신의 이름에 대해서 큰 관심을 갖는다는 사실을 발견하였고, 이것을 이용하여 그는 사람들의 협력을 이끌어 냈다.

그가 10세 때의 일이다. 어느 날, 그는 우연히 토끼를 한 마리 잡았다. 그런데 이때 그 토끼는 새끼를 배고 있었기 때문에 곧 이어 새끼를 낳게 되었고, 토끼 우리는 새끼들로 가득 차게 되었다. 새끼들은 하루가 다르게 빠르게 커 갔다. 그러자 그는 걱정이 생겼다. 그는 자신의 힘만으로는 토끼들이 먹을 풀을 뜯기가 매우 벅찼던 것이다.

그는 이때 묘안을 짜냈다. 동네의 아이들에게 토끼풀을 뜯어 오면 그의 이름을 토끼에게 붙여 주기로 그들과 굳게 약속했다.

그 계획은 마침내 큰 성공을 거두었다. 자기 이름이 붙은 토끼를 먹이기 위해 아이들이 열심히 풀을 뜯어 와서 먹이고 정성껏 보살폈기 때문에 카네기는 토끼들에게 이제 신경을 쓰지 않아도 되었다.

장성한 카네기는 결코 그때의 일을 잊지 않았다. 그래서 그는 자신의 이름에 큰 애착을 갖는 인간의 심리를 사업에 잘 이용하여 마침내 부를 축적할 수 있었다.

그가 펜실베이니아 철도회사에 기차 레일의 납품권을 따내기 위해 애쓸 당시, 그 철도회사의 사장은 에드가 톰슨이었다. 그래서 카네기는 피츠버그에 큰 제철공장을 세울 때 그 제철공장을 '에드가 톰슨 제철소'라고 명명했다.

여기에서 펜실베이니아 철도회사가 누구에게 레일의 납품권을 주었는지 여기에서 구태여 밝힐 필요는 없을 것이다.

그런가 하면, 카네기와 조지 풀맨이 침대차의 판매를 위해 몹시 치열한 경쟁을 벌일 때의 일이었다. 이때 두 사람의 회사는 유니언 퍼시픽 철도회사에 침대차를 납품하기 위해 서로의 수익성을 따지지 않고 치열한 판매 경쟁에 한창 열을 올리고 있었다.

그런데 카네기는 우연히 호텔에서 풀맨과 마주쳤을 때, 뜻밖에도 회사의 합병을 그에게 제안했다.

마침내 카네기의 설명이 모두 끝나자 풀맨이 물었다.

"그런데 새 회사의 이름은 뭐라고 지을 생각입니까?"

카네기는 선뜻 대답했다.

"물론 풀맨 파레스 회사라고 해야지요."

그는 지난날의 토끼의 교훈을 잊지 않았던 것이고, 이 말을 들은 풀맨의 얼굴은 화색이 돌았다.

"그렇다면 내 방으로 가서 우리 함께 조용히 의논해 봅시다."

풀맨은 곧장 카네기를 자기 방으로 안내했다.

이처럼 카네기가 큰 성공을 거둘 수 있었던 비결은 바로 상대방의 이름을 몹시 존중해 준 데 있었다.

카네기는 항상 자기 밑에서 일하는 수많은 노동자들의 이름을 모두 기억하고 있는 것을 항상 자랑으로 삼았으며, 또 하나의 그의 자랑거리는 그가 기업을 운영하는 동안에 파업이 단 한 번도 일어나지 않았다는 것이다.

사람들은 다른 사람들의 이름을 그리 오랫동안 기억하지 못한다. 왜냐하면 그들은 남의 이름엔 별로 신경을 쓰지 않기 때문이다.

그러나 당신은 프랭클린 루스벨트보다도 더 바쁜가? 아마도 그렇지는 않을 것이다. 그는 타인의 추종을 불허할 정도로 몹시 분주한 하루를 보내는 사람이었다. 그러나 그는 우연히 마주친 일개 자동차 정비공의 이름을 기억하기 위해서 기꺼이 아까운 시간을 바친 사람이기도 하였다.

어느 날 크라이슬러 자동차 회사에서 항상 휠체어를 사용하는 루스벨트 대통령을 위해 특별히 고안된 승용차를 제작한 적이 있었다. 그때 W. 챔벌린이 정비공 한 사람을 데리고 그 차를 대통령의 관저까지 직접 배달했다.

챔벌린은 그때의 감격스런 광경을 나에게 보낸 편지에서 다음과 같이 설명했다.

"나는 대통령께 특수한 장치를 이용한 자동차 조종법을 나의 힘닿는 대로 친절하게 가르쳐 드렸으며, 이때 대통령께서는 나에게 인간의 마음을 조정하는 법을 가르쳐 주셨습니다. 처음으로 대통령을 만나는 순간, 나는 몹시 긴장되었습니다. 그런데 대통령은 친밀한 어투로 내 이름을 부르시면서 자동차에 대해 여러 가지 질문을 하셨기 때문에 나는 긴장감을 다소 누그러뜨릴 수가 있었습니다. 나는 그때 정비공을 한 사람 데리고 갔는데, 그는 유난히 수줍음을 많이 타는 사람이어서 대통령에게 한 번 소개된 뒤로는 그는 곧장 다른 사람들의 뒤에 숨어 있기만 했었습니다. 대통령은 마치 그의 이름을 스쳐 지나가는 것처럼 단 한 번밖에는 들은 일이 없으신 셈이지요. 그런데 내가 작별 인사를 하고 관저에서 물러가려고 하자, 대통령은 그 정비공의 이름을 또렷하게 부르며 자기 곁으로 부르시더니, 굳은 악수와 함께 몹시 치하를 하는 것이었습니다. 그런데 그

분의 행동 하나하나가 겉치레가 아닌, 마음속에게 진심으로 우러나오는 것이었다는 것을 그때 그 정비공과 나는 분명히 느낄 수 있었습니다. 뉴욕으로 돌아온 지 며칠이 지난 후, 나와 정비공은 그 대통령과 함께 직은 사진과 함께 대통령이 친필로 쓴 감사장을 받았습니다. 몹시 바쁘신 대통령께서 이렇게 작은 일까지 각별하게 신경을 써 주신 것에 대하여 우리는 진심으로 매우 감동했습니다."

프랭클린 루스벨트는 사람들의 호감을 사는 매우 간단하고 몹시 평범하면서도 가장 중요한 방법을 터득하고 있었다. 그것은 상대방의 이름을 또렷하게 기억하고 친절하게 불러 줌으로써 상대방에게 자기 자신에 대한 중요성을 충족시켜 준다는 점이다.

그런데 이런 진리를 알고 있는 사람이 이 세상에 도대체 몇 명이나 될까?

우리들은 세상을 살면서 처음으로 소개를 받고 2~3분 동안 이야기하다가 작별할 때, 상대방의 이름이 생각나지 않는 경우가 아주 흔하다. 정치가의 경우, 이것은 매우 치명적이다. 자기에게 표를 던져 줄 사람들의 이름을 잊어버린다는 것은 곧 자기 자신의 유권자들에게서 자신이 망각되어 버린다는 것을 의미한다. 상대방의 성명을 기억한다는 것은 장사나 사교에 있어서도 정치 못지않게 몹시 중요하다.

나폴레옹 3세는 나폴레옹 1세의 조카로, 그는 자신이 소개받은 사람들의 이름을 모두 기억하고 있다고 항상 주위 사람들에게 공언했다.

그가 이름을 기억하기 위해 사용하는 방법은 몹시 간단했다. 상대방의 이름을 알아듣지 못했을 경우에는 "죄송하지만, 다시 한 번 말씀해 주십시오."라고 그는 부탁한다. 만약 그 이름이 약간 이상하거나 특이하다는 생각이 들면 그 철자법까지도 철저하게 물어본다. 또한 그는 상대방과 이야기하는 도중이라도 그는 몇 번이고 상대방의 이름을 되풀이해서 불러 보며, 상대방의 얼굴과 표정, 체격 등을 머릿속에 기억해 두려고 무한히 노력한다.

만약 상대방이 자신에게 매우 중요한 인물이라면 그는 더욱 노력을 경주한다. 그리고 자기 혼자 있게 되면, 곧 메모지에 상대방의 이름을 반드시 기입해 놓고는 정신을 가다듬고 계속 그 이름을 응시하면서 상대방에 대한 여러 가지 특징들을 기억한 다음에는 그 메모를 찢어 버린다. 그는 이처럼 자신의 눈과 귀를 총 동원하여 자신이 상대방을 기억하는 방법을 사용했다.

이런 방법은 상당한 시간이 필요하는 방법이지만, 에머슨의 말처럼 '좋은 습관은 작은 희생들을 쌓아올림으로써 길러지는 것'이라는 사실을 반드시 기억해 두기 바란다.

대화할 때 상대방의 이야기를 경청하라

04

1. 상대가 하는 말을 항상 건성으로 듣는다.
2. 자기 자신만 계속해서 말한다.
3. 상대가 말하는 도중이라도, 어떤 생각이 떠오르면 자신의 생각을 상대방에게 거침없이 말한다.

상대의 말에 관심을 기울여라

얼마 전 친구의 집에 초대받아 갔을 때, 이때 브리지(카드놀이의 일종) 게임이 벌어졌다. 그러나 나는 브리지 게임을 전혀 할 줄 몰랐으므로 그곳의 구석에 우두커니 앉아 구경만 하다가 나처럼 게임을 할 줄 모르는 어떤 금발의 부인과 대화를 나누게 되었다.

"카네기 씨는 여러 나라를 여행하셨다는데, 계속 여행하시면서 자신이 겪었던 이야기를 제게 들려 주세요. 참 재미있을 것 같은데……"

"네, 얼마 전까지만 해도 시간이 나면 저는 여행을 했었는데……"

내가 이렇게 목청을 가다듬고 이야기를 시작하려 하는데, 갑자기 그녀가 내 말을 가로막았다.

"그러세요? 저도 여행을 매우 좋아한답니다. 제가 시간이 없어서 자주 가지는 못 하지만, 이번에 큰 마음을 먹고 아프리카에 다녀왔어요."

그 후 45분 동안 그녀는 내가 어디를 여행했으며, 그곳에서 무엇을 보았는지에 대해서 다시는 물어보지 않았다. 그녀는 내 이야기를 듣고 싶었던 것이 아니라 자기 여행담을 들려 줄 상대를 찾았던 것이다. 그래서 그녀는 자신의 이기심을 위해 그녀가 자랑하고 싶었던 것을 상대에게 마음껏 이야기할 수 있었던 것이다.

또 하나의 이야기는 최근 어느 날 어느 만찬에서 저명한 식물학자를 우연히 만난 적이 있었다.

나는 일찍이 식물학자와는 이야기를 나눈 적이 없었기 때문에 식물에 관한 그의 지식에 그만 매혹되고 말았다. 나는 의자에 앉아서 양귀비와 인도의 대마 또는 감자에 얽힌 매우 놀라운 사실들과 화초에 관한 이야기를 듣고 있었다. 그리고 그는 우리 집에 있는 화초들의 몇 가지 의문점들을 내가 알기 쉽게 풀어주는 것이었다. 그리고 그의 얘기가 얼마나 재미있던지 나는 10여 명이 동석해 있는 만찬회 석상에서 모두 예법도 잊어버린 채, 그 식물학자와 세 시간 동안이나 길게 이야기를 나눴다.

그 만찬회는 자정이 다 되어서야 겨우 끝나게 되었는데, 그때 그 식물학자가 주인에게 나를 몹시 칭찬하며 "이야기를 참 재미있게

하는 사람"이라고 추켜세우는 것이었다.

내가 도대체 이야기를 재미있게 하는 사람이란 말인가? 도대체 그때 내가 그에게 무슨 말을 했던가? 식물에 관해서 아는 것이라곤 아무것도 없었기 때문에 나는 화제를 바꾸지 않고서는 말하고 싶어도 한 마디도 제대로 할 수 없었던 내가 아닌가? 그렇다면 어떻게 이러한 결과가 나왔을까?

나는 곰곰이 생각한 끝에 다음과 같이 결론을 내릴 수가 있었다.

상대방의 말에 귀를 기울여 준다는 것은 자신이 상대방에게 할 수 있는 최고의 경의인 것이다. 그런데 나는 그의 이야기가 매우 흥미로웠기 때문에 그 사람의 말에 열심히 귀를 기울였다. 그 또한 내가 열심히 자기의 이야기에 귀를 기울이고 있다는 사실을 그가 인식했기 때문에 매우 기뻤고 그래서 우리가 보낸 시간들이 조금도 지루하지 않았기 때문에 내가 '이야기를 몹시 재미있게 하는 사람'이라고 그는 느꼈던 것이다.

J. 우든은 어느 백화점에서 양복을 한 벌 샀다. 그러나 그는 곧 실망을 하고 말았다. 그가 양복을 세탁했는데, 물감이 빠져서 색이 바랜 듯한 느낌을 주었기 때문이었다.

그는 그 양복을 가지고 곧장 백화점에 찾아가서 그 물건을 팔았던 점원에게 그 사실을 말했지만, 그는 그만 말문이 막혀 버렸다. 점원이 볼멘소리로 그에게 이렇게 거칠게 항의를 했기 때문이었다.

"손님, 절대 그럴 리가 없습니다. 이제까지 우리는 이런 것과 똑

같은 양복을 수천 벌이나 팔았습니다만, 이렇게 생트집을 잡는 경우는 이번이 처음입니다.”

이때 시비를 거는 듯한 점원의 말에 그는 화가 몹시 치밀어 올랐다.

“뭐라고요? 그럼, 내가 당신에게 거짓말을 했다는 겁니까?

“그렇지 않고서야 멀쩡한 양복이 이렇게 될 리가 있나요? 손님은 저희들한테 모두 뒤집어씌울 심산이 아닌가요? 이제까지 다른 사람은 아무 말이 없었는데 오직 손님만 그렇잖아요.”

그들이 한창 언쟁을 벌이고 있을 때, 다른 점원 하나가 참견을 했다.

“이 양복은 처음에는 조금씩 물이 빠지는데 그건 어쩔 수가 없어요. 그런 값으로는 그런 양복밖에는 살 수 없어요.”

그는 그 점원의 말을 듣고는 화가 절정에 이르렀다. 한 점원은 그의 정직성을 의심했고, 또 다른 점원은 그가 산 물건이 싸구려이기 때문에 그렇다는 것이었다.

그가 양복을 바닥에 마침내 던져 버리려고 할 때, 그들의 다투는 소리를 듣고 마침 그 백화점의 책임자가 그들 사이에 끼어들었다. 그리고 그 책임자는 이때 우든의 마음을 완전히 바꿔 놓았다.

그러면서 그 책임자가 어떤 방법을 사용했는지 알아보기로 하자.

1. 그는 우든의 불만을 처음부터 끝까지 한 마디의 대꾸도 하지

 성공한 사람들의 행동 습관

않고 계속 들어주었다.

2. 우든의 이야기가 끝나자, 점원들은 자신들의 행동에 대해서 궁색하게 책임자에게 변명하고 그 일을 합리화시키려고 했는데 그는 이때 그 점원들을 상대로 우든의 입장을 두둔하고 나섰다. 그는 우든이 산 양복에서 물이 빠진다는 사실을 지적했고, 신용이 있는 백화점이라면 손님을 만족시켜 주지 못하는 물건은 절대로 팔아서는 안 된다고 강력하게 주장했다.

3. 그는 점원의 무례함과 품질이 나쁜 물건을 판매한 것에 대하여 그에게 정중히 사과하고, 우든이 요구하는 대로 일을 처리하겠다고 말했다.

몇 분 전까지만 해도 그 양복을 바꿀 생각이었던 우든은 책임자의 말을 듣고 자신의 생각을 곧장 바꿨다.

"물이 빠지는 상태가 일시적인 것인가, 그리고 다른 어떤 방법은 없는지 알고 싶습니다. 일시적이고 별로 색이 변하지 않는다면 그냥 입을 수도 있으니까……."

그 백화점 책임자는 우든의 말을 듣고는, 그렇다면 일주일만 더 입어 볼 것을 그에게 권유하면서, 그때 가서도 손님이 만족스럽지 못하면 다른 것과 바꿔 주거나 환불해 주겠다고 약속했다.

우든은 흡족한 마음으로 그 백화점을 나섰다. 그리고 일주일이 지났지만, 그 양복에 더 이상의 하자가 없었기 때문에 그 백화점에

대한 신용은 완전히 회복되었다.

뉴욕에 있는 방직회사의 데트먼 사장의 사례를 들어 보자.

성이 잔뜩 난 거래처 사장이 시카고에 있는 데트먼의 사무실의 문을 거칠게 열고 들어섰다.

그는 뉴욕에 있는 양복지판매회사 사장으로 데트먼 회사의 주요한 고객 중의 한 사람이었는데, 그는 데트먼을 보자마자 "앞으로는 데트먼 방직회사로부터 양복지를 절대로 구입하지 않겠다!"고 큰 소리치는 것이었다.

데트먼으로서는 매우 뜻밖의 일이었기 때문에 일단 그를 진정시켜 자리에 앉힌 뒤 그의 불만을 듣기로 했다. 그러자 그 거래처 사장은 흥분한 목소리로 자신의 불만을 토로하기 시작했다. 데트먼은 그의 말을 들으면서 중간중간에 자신이 변명을 하고 싶은 충동을 느꼈지만, 그것은 옳지 못한 태도인 것을 잘 알고 있었기 때문에 인내심을 가지고 그의 말을 끝까지 귀담아 들었다.

그는 데트먼 회사의 경리로부터 한 통의 지불청구서를 받았다는 것이었다. 15달러가 체불되었으니 빨리 지급해 달라는 내용이었다. 그는 사업하면서 이제까지 신용을 제일로 삼고 있었기 때문에 지금까지 물건을 구입하고 체불한 적이 한 번도 없었으므로 그것은 직원의 단순한 사무착오일 것이라고 생각했다는 것이다. 그러나 여러 차례의 독촉장을 받고는 은근히 화가 치밀어 영업부에 항의 전

화를 걸다가 영업부 직원의 불친절에 그만 화가 치밀어 뉴욕에서 시카고까지 곧장 달려온 것이었다.

그의 말이 모두 끝난 후 데트먼은 조용히 말했다.

"저는 사장님께서 저희의 잘못을 지적해 주시기 위해서 시카고까지 오신 것에 대해서 먼저 감사를 드립니다. 그리고 저는 사장님께 뭐라고 용서를 빌어야 할지 모르겠습니다. 우리 회사의 경리부 직원이 사장님을 화나게 했다면, 다른 고객들 역시 마찬가지로 화나게 만들었을 게 분명합니다. 제가 직원들을 올바로 교육시키지 못해 사장님께서 피해를 입으셨다니 정말 죄송합니다."

양복지판매회사의 사장은 데트먼의 입에서 이 말이 마지막으로 나오도록 만들려고 했는데, 데트먼이 먼저 이렇게 자신에게 정중하게 사과하자 자신의 기대에 어긋났는지 약간 실망한 표정을 지었다. 왜냐하면 그가 시카고로 곧장 달려올 때는 자신이 데트먼 회사의 잘못을 지적해 따지기 시작하면 데트먼도 곧장 대항할 것이라고 기대하며 전의를 단단히 굳히고 있었는데, 데트먼이 자신의 잘못을 먼저 순순히 시인하자 그만 그는 맥이 빠져 버린 것이었다.

또한 데트먼은 경리부원들이 고의가 아닌 사무 착오로 잘못을 저지를 수가 있기 때문에 용서해 달라고 이해를 구한 뒤, 회사에서 잘못 기재된 15달러는 취소시키겠다고 그에게 약속했다. 그리고 데트먼도 그와 똑같은 일을 다른 회사로부터 받았다면 그와 마찬가지로 몹시 화가 났을 것이라고 강조한 다음, 그가 더 이상 데트먼 회사의 양복지를 구입하지 않겠다는 뜻을 살려 주기 위해 다른 방직 회사를 그에게 추천해 주었다.

그리고 그가 시카고에 물건을 구입하러 올 때마다 고객과 같이 점심 식사를 하는 관례가 있었기 때문에 데트먼은 그 날도 그에게 점심을 같이하자고 요청했다. 그는 반갑지 않은 표정으로 데트먼의 요청을 수락했다.

그러나 점심 식사를 마치고 다시 데트먼의 사무실로 돌아온 그는 뜻밖에도 엄청난 양의 양복지를 그에게 주문했다. 그리고 자기와 지난날처럼 돈독한 관계를 유지하고 싶다는 뜻을 밝히고는 기분 좋은 얼굴로 돌아갔다.

며칠 후 그 사람에게서 15달러와 함께 정중한 사과 편지가 데트먼에게 우송되었다. 그는 뉴욕으로 돌아간 뒤 우연히 청구서철을 뒤적거리다 그 15달러의 청구서를 발견했다는 것이었다.

그 후 그 거래처의 사장은 아들을 낳게 되자 '데트먼' 의 이름을 붙였으며, 데트먼과는 매우 절친한 친구가 되었다고 한다.

모든 사람들이 당신과 만나기를 매우 꺼리고 등 뒤에서 그를 비웃으며 경멸하도록 만드는 비결이 있다.

1. 상대가 하는 말을 항상 건성으로 듣는다.

2. 자기 자신만 계속해서 말한다.

3. 상대가 말하는 도중이라도, 어떤 생각이 떠오르면 자신의 생

각을 상대방에게 거침없이 말한다.

그러나 이렇게 반문하는 사람들도 많다.

"무엇 때문에 쓸데없는 당신의 말을 들으려고 아까운 시간을 낭비해야 하지?"

누구나 사회 생활을 하면서 이런 부류의 사람을 본 적이 있을 것이다. 그들은 자기 자신만 매우 소중히 생각하며 항상 자기만이 중요한 인물이라고 생각하는 그런 사람들이다.

당신이 말을 잘 하는 사람이 되기를 원한다면 아래의 원칙을 따라야 한다.

1. 항상 상대방의 말을 귀담아 듣는 사람이 되어야 한다.

2. 상대방이 쉽게 대답할 수 있는 것을 골라 질문하다.

3. 상대방이 자신을 자랑할 수 있도록 유도하라.

4. 상대방의 관심은 오직 자기 자신에게만 집중되어 있다는 사실을 반드시 상기하라. 가뭄으로 1백만 명이 죽어도 그 사람의 치통보다도 덜 심각하며, 그의 목에 생긴 종기는 아프리카에서 일어난 수십 번의 지진보다도 훨씬 더욱 중요한 관심의 대상인 것이다.

5. 항상 내가 이야기할 차례는 상대방 다음이라는 것을 반드시 기억하라.

항상 상대방의 관심을 끌어라

어떤 사람의 호감을 사기 위해서는 그 사람의 관심이 어디에 있는가는 미리 잘 파악하여 그것을 화제로 삼는 것이 곧 지름길이라는 사실을 알 수 있다.

상대의 관심이 어디에 있는지 살펴라

시어도어 루스벨트 전 대통령을 찾아간 사람들은 그의 놀라운 박식함에 경탄을 금하지 못한다. 루스벨트는 상대방의 직업이 카우보이건 소방대원이건, 혹은 정치가나 외교관이건 어느 누구를 막론하고 그 사람에게 적합한 화제를 매우 항상 풍부하게 지니고 있었다.

이것은 루스벨트를 만나 본 사람들의 찬사다. 그런데 루스벨트가 어떻게 그처럼 항상 풍부한 화제를 지닐 수 있었는가. 그 의문에 대한 해답은 매우 간단하다. 어느 누가 그의 집을 방문하겠다는 연락을 받게 되면 그는 전날 밤, 방문객이 좋아할 만한 문제에 관하여 관계된 서적을 한참 동안 뒤적이며 깊이 연구를 한다는 것이다.

루스벨트 대통령은 다른 지도자들과 마찬가지로 사람의 마음을 휘어잡는 지름길은 상대방이 가장 깊은 관심을 갖고 있는 문제를 화제로 삼는 것을 잘 알고 있었던 것이다.

그런가 하면, 보이스카우트에서 일하고 있는 에드워드 찰리프의 경우도 매우 눈여겨볼 필요가 있다.

나는 유럽에서 개최되는 보이스카우트 대회에 1명의 대표 단원을 참석시켜야 했는데, 그 비용을 도무지 마련할 방법이 없었습니다. 나는 그 비용을 어느 회사로부터 기부받기 위해 사장을 만나기로 했습니다. 그런데 내가 그 사장을 만나러 가기 직전 그에 관한 어떤 사람으로부터 이야기를 들었습니다. 그 사장은 언젠가 1백만 달러의 수표를 발행한 적이 있었고, 그 수표의 금액을 지불한 후 수표를 회수하여 액자에 넣어 걸어 놓았다는 것이었습니다.

나는 사장실에 들어가서는 그 수표를 보여 달라고 그에게 요청했습니다. 1백만 달러의 수표! 그런 거액의 수표를 내 눈으로 직접 본 이야기를 보이스카우트 소년들에게 들려 주고 싶다고 말을 꺼냈습니다. 그 사장은 나에게 기꺼이 수표를 보여 주었고, 나는 몹시 감탄하면서 수표를 끊게 된 경위를 자세히 들려 주었으면 좋겠다고 그에게 부탁했습니다.

그 사장은 수표에 얽힌 사연을 자세히 나에게 들려 주다가 갑자기 "그런데 당신은 무슨 일로 나를 찾아오셨습니까?"라고 묻는 것이었습니다. 나는 그제야 내가 찾아온 목적을 말했습니다. 그러자 그는 놀랍게도 나의 간청을 두 말 없이 들어주었을 뿐만 아니라 내가 전혀 기대하지 않았던 것까지도 도움을 주겠다고 선뜻 제의했습니다.

나는 1명의 소년을 대표로 유럽에 보내 주기를 요청했을 뿐인데, 그 시장은 나를 포함한 5명의 소년이 유럽의 대회에 참가할 수 있도록 1천 달러짜리 신용장과 함께, 그 나라에 파견된 지사장에게 보내는 소개장을 써 주며 우리 대표단 일행에게 온갖 편의를 제공하도록 부탁까지 해 주었습니다. 그 이후로 그는 우리 단체의 적극적인 후원자가 되었고 그는 가난한 가정의 단원에게는 일자리까지 알선해 주었습니다.

그렇다면 이러한 방법이 과연 상업적인 면에서도 실제로 응용될 수 있는가를 알아보기 위해 뉴욕의 일류 제과회사인 듀버노이 제과점의 사례를 들어 보자.

듀버노이는 뉴욕의 어느 호텔에 자기 제과점의 빵을 납품시키기 위해 갖은 노력을 다했다. 4년 동안이나 그 호텔의 지배인을 찾아가 간절히 부탁했고, 그 지배인이 참석하는 회합에도 나가 보고 일부러 그 호텔의 손님으로 투숙해서 그의 환심을 사려고 노력했지만 모두가 허사였다.

모든 수단이 허사로 돌아가자 나는 궁여지책으로 인간관계 연구에 착수했습니다. 그리고 그 전술을 과감하게 바꾸기로 했습니다. 그 지배인이 관심을 가지고 있는 일이 과연 무엇인가, 즉 어떤 일에 그가 몰두하고 있는가를 엄밀히 조사하기로 했습니다.

그 지배인은 미국 호텔 협회의 회원으로 등록되어 있었는데, 그것도 평회원이 아니었고 호텔 협회에 대한 열성적인 활동력을 회원들에게 인정받는 협회의 회장인 동시에 국제 호텔 협회의 회장까지 겸임하고 있었습니다. 또한 그는 협회의 대회가 아무리 먼 곳에서 개최되어도 그는 꼭 참석하는 열성가였습니다.

그 사실을 알게 된 나는 다음날, 그와 만난 자리에서 호텔 협회에 대한 이야기를 끄집어 냈습니다. 이때 그 반응은 몹시 놀라운 것이었습니다. 온갖으로 바쁘다는 핑계로 단 5분도 상대방에게 시간을 내주길 꺼리던 사람이 눈에 열기를 띤 채 30분 동안이나 협회에 관한 이야기를 나에게 말하는 것이었습니다. 그에게는 협회를 육성시키는 것이 최고의 기쁨이며, 마치 그의 정열의 원천인 것처럼 느껴졌습니다.

그는 나에게도 협회에 가입할 것을 권유하기까지 했는데, 나는 그와 이야기를 나누는 동안 빵에 관한 이야기는 조금도 말하지 않았습니다. 그러나 며칠 후 나에게 호텔의 구매과로부터 전화가 걸려 왔습니다. 나에게 빵의 여러 가지 견본과 가격표를 가지고 호텔로 찾아오라는 연락이었습니다.

그 호텔의 구매 담당자는 "당신이 지배인에게 무슨 수단을 썼는지는 모르겠지만, 그 지배인이 당신을 매우 마음에 들어 한다"면서 나에게 귀띔해 주는 것이었습니다.

한번 곰곰이 생각해 보십시오. 그 사람과 거래하기 위해 나는 4년이란 세월을 아무런 소득도 없이 그 사람의 꽁무니만 계속 쫓아다녔던 것입니다. 만약 그 사람이 그 무엇에 깊은 관심을 가지고 있는지, 그리고 그가 어떠한 화제를 좋아하는지를 알아낼 생각을 하지 못했다면 지금도 그 사람과 거래를 트기 위해 헛되이 그를 쫓아다니느라 헛수만 하였을 것입니다.

위의 사례에서 살펴본 것과 같이, 어떤 사람의 호감을 사기 위해서는 그 사람의 관심이 어디에 있는가는 미리 잘 파악하여 그것을 화제로 삼는 것이 곧 지름길이라는 사실을 알 수 있다.

상대방을 아낌없이 칭찬하라

"상대방에 관한 일만을 계속 이야기하라. 그러면 상대방은 몇 시간이라도 귀를 기울이고 싫증을 내지 않을 것이다."

06

칭찬받기 원한다면 먼저 상대를 칭찬하라

내가 어느 날 우체국에서 등기우편을 보내기 위해 줄을 서서 차례를 기다리던 중이었다. 이때 등기우편을 담당하는 우체국의 직원은 오늘도 어제와 마찬가지로 우편물의 무게를 달고 우표와 거스름돈을 주며 영수증을 끊어 주는 등 매일 똑같은 일이 되풀이하는 것에 몹시 짜증이 난 표정이었다.

나는 나의 차례를 기다리면서 잠시 생각해 보았다.

'저 사람이 나에게 호의를 갖도록 만들어 보자. 그러기 위해서는 그에 대한 칭찬을 해야 하는데, 그에게 내가 정말로 감탄할 만한 것이 무엇일까?'

이것은 매우 어려운 문제이며, 특히 상대방과 초면일 경우에는 더욱 쉽지 않다. 그런데 이번에는 아주 쉽게 해결되었다. 나는 그에게서 감탄할 만한 것을 곧장 발견할 수 있었기 때문이다.

그가 내 편지의 무게를 달고 있을 때, 나는 진심 어린 목소리로 그에게 이렇게 말했다.

"참으로 멋진 머리카락을 지니고 계시는군요. 매우 부럽습니다!"

그는 매우 놀라운 표정으로 나를 물끄러미 쳐다보고는 곧 얼굴에 미소를 띠었다.

"아닙니다. 요즘에는 아주 볼품이 없는 걸요."

그는 나에게 겸손하게 말했다.

나는 그 전에 그의 머리카락이 어떠했는지는 알 수 없지만, 그는 참으로 멋진 머리카락을 가졌기 때문에 나는 진심으로 감탄했고, 이런 나의 마음을 알아챈 그의 기쁨 또한 매우 큰 것이었다. 우리는 비록 짧은 시간이긴 했지만 서로 간에 유쾌하게 이야기를 나눌 수 있었고, 그 날 그는 즐거운 마음으로 근무했을 것이다.

이 이야기를 나는 어느 공개석상에 소개한 적이 있었다. 그러자 내 이야기를 듣고 난 어떤 사람이, 그 무엇을 기대하고 내가 그 사람을 칭찬했는지를 묻는 것이었다.

내가 그에게 그 무엇을 기대하고 칭찬을 했느냐고 물어본다면 참으로 쑥스러운 질문이 아닐 수 없다. 아무런 사심 없이 상대방을 칭찬하고 그로부터 꼭 무엇인가를 받아야 속시원해하는 인색한 사람이라면 아무것도 얻을 수 없기 때문이다.

그런데 실은 나 역시도 어떤 대가를 바라고 있었지만, 내가 바라는 것은 돈으로도 못 사는 그런 것이다. 그것은 상대방을 기쁘게 해주고, 그러면서도 그에게는 아무런 부담감도 주지 않았다는 후련한 기분이다. 난 그것을 얻었으며, 그 기분은 언제까지나 즐거운 추억으로 나의 기억 속에 영원히 남아 있을 것이다.

인간의 모든 행위에 있어서 가장 중요한 법칙이 하나 있다. 이 법칙을 누구나 충실히 따를 수만 있다면 대부분의 분쟁은 반드시 피할 수가 있으며, 이것을 만약 지킬 수만 있다면 친구들이 계속 늘어나고 자신의 행복은 스스로 찾아오게 마련이다.

이 법칙이란 결국 상대방이 자신의 중요성을 느끼도록 만드는 것이다.

앞에서도 설명하였지만, 존 듀이 교수는 '자신이 중요한 인물이 되고 싶다' 는 욕망은 인간의 가장 뿌리 싶은 요망이라고 말했다. 또한 윌리엄 제임스 교수는 "인간성의 근본적인 바탕을 이루고 있는 것은 상대방에게 인정받고 싶은 기대심"이라고 말했다.

그렇다. 이 욕망은 인간과 동물을 구별하는 경계선이었으며, 인류의 문명도 이런 인간의 욕망에 의해 계속 발전되어 왔다고 해도 과언이 아니다.

인간이라면 누구나 주위 사람들로부터 자신을 인정받기를 원한다. 그리고 자기가 중요한 존재라는 사실을 느끼고 싶어한다. 이처

비결을 가르쳐 주겠다. 이것은 매우 효과가 있는 방법으로 사실은 내가 발견한 것이 아니라 이 방법은 도로시 딕스 여사에게 배운 것이다.

여사는 무려 23명의 여자들의 마음과 저금통장을 차례차례 자신의 손아귀에 넣은 유명한 결혼 사기범과 어느 날 형무소에서 그를 인터뷰를 한 적이 있었다.

"당신은 어떤 방법으로 옛날 그 여자들에게서 사랑을 얻을 수 있었습니까? 그리고 특별한 재주라도 있나요?"

"글쎄요… 선생께서 보시다시피 전 잘생기지도 않았고 말도 잘 못합니다."

"혹시 기분이 나쁠지 모르겠지만, 그래도 당신이 저지른 행위는 아무나 결코 할 수 있는 것은 아니지요."

"천만에요, 그것은 누구나 할 수 있습니다. 구태여 꼬집어서 말하라면 그 여자 얘기만 계속 듣거나, 그 여자에 관한 얘기만 하는 겁니다. 그러면 만사가 매우 순조롭습니다."

상대방의 말을 열심히 들어주고, 상대방에 관한 이야기만 줄곧 하는 방법은 여성뿐만 아니라 남성에 대해서도 매우 효과적이다.

"상대방에 관한 일만을 계속 이야기하라. 그러면 상대방은 몇 시간이라도 귀를 기울이고 싫증을 내지 않을 것이다."

이 말은 영국의 대 정치가인 디즈레일리가 남긴 말이다.

성공한 사람들의 행동 습관